JN064632

あれもこれも地理学

文化・社会・経済を地理学で読み解く

富田啓介
Tomita Keisuke

ベレ出版

はじめに

地理学は、空間の科学です。「場所」や「地域」をキーワードに、世界のあらゆることを分析します。決して「何が、どこにある」を覚えるだけの退屈な学問ではありません。

地理学は、何かがそこにあるわけ、出来事や現象がその場所で起こるわけを考えます。私たちの暮らす地球表面は、人が作り上げた文化や社会、おのずからそこにある自然で構成されています。それらを見つめると、数えきれないほどの出来事や現象から成り立っていることがわかります。そのすべてを対象として「どこで起こっているのか?」を知り、そして「なぜそこで起こっているのか?」を明らかにしてゆきます。

この前の休みに出かけた遊園地。今日食べたお米を生産している田んぼ。いつか出張に行くことになるかもしれない外国の街。これらのものが「そこ」にあるのは、偶然ではありません。必ずそれなりの理由があります。それを探ることが地理学です。

地理学はまた、様々なものごとが地球表面を移動してゆく様を眺め、分析します。地球表面のほぼ全域に分布し、せわしく移動しながら活動する生物、人はその格好の観察・分析対象です。

人の移動には、通勤・通学のように毎日繰り返されるものもあれば、観光旅行のように不定期に行われるものもあります。さらには、元の場所に戻ってくることを前提とした移動もあれば、移住や移民のように、移動した先に留まるような移動もあります。移動の理由や手段には様々なものがあるでしょうし、大勢が移動すれば、人の増える地域や減る地域も出てくるでしょう。人々が移動先でまとまって暮らせば、そこで独特の言語や文化が発達しますが、しばらくして異なる言語・文化を持つ人々が新たにやってきたら、どんなことが起こるでしょうか。このように、人の移動やその理由・手段、地域によって異なる人口の増減、文化の分布や伝播を見つめるのも、地理学です。

人が様々な場所に住んでいるということは、製品や情報もまた、あらゆる場所で生産されることを意味します。そしてそれらは、流通網によって地域を越えて飛び交うことになります。身の回りを見渡してみましょう。今着ている服、さっき食べた料理の材料、机の上にある時計や電話やパソコンや鉛筆——それらの作られた場所は、調べがつくならば、おそらく日本各地、いや世界各地に散らばっているはずです。どこにどんな産業があり、そこからどのように産品が運ばれ、私たちの手元に届くのか。こうしたことに注目するのも地理学です。

さらに地理学は、ダイバーシティ（多様性）が生まれるわけを考え、それを理解する方法を探ります。「ところ変われば品変わる」という言葉があります。この言葉が意味するように、地球表面に分布する様々なものごとは、地域ごとに特色をもって存在しています。ひっくり返せば、場所の違いは、ものごとのダイバーシティを生み出しているとも言えます。

気候・地形といった土地に固着したダイバーシティがある一方で、それに育まれた人や物、文化や社会は、地域ごとの特色を保持したまま自在に地表を移動します。その結果、一つの地域の中にもそれらが交じり合う状況が生まれます。この状況が、競争や軋轢を生む場合もあれば、融合して新しい何かが生まれる場合もあります。どのように場所の違いがダイバーシティを生み出しているのか、異なる特色を持った人やものごとがある場所で交じり合うといかなることが起こるのか、そのようなことを見つめるのも地理学です。

この本では、以上のような視点から、身近な社会、特に日常の生活の中に見られる様々な出来事や現象を探ります。

第1章では、遠距離恋愛、海外からやってくる味噌汁の具、街の中にあるビールの工場、電車の中の多国語アナウンス、郊外に現れた住宅団地、増えている田舎暮らしといった事柄を取り上げます。地理学の目から、それらはどう理解されるのでしょうか。地理学の中でも特に人の文化や社会を扱う「人文地理学」の基本的な考え方を、なるべく具体的で身近な事例を通して理解できるようにしました。

第2章では、余暇活用・地域おこし・環境問題といった現代の社会が抱えるテーマを取り上げ、これらのテーマを地理学がどう見るのか、また、これらのテーマに対してとられているアプローチは、地理学の視点からどう評価できるのかを紹介しました。いわゆる社会問題を取り上げることになりますが、解決策を示すのではなく、皆様方がご自身で考える際のヒントとなることを目指しました。

この本は地理学の中でも、文化・社会に関わる人文地理学分野を中心にまとめています。

地理学のもう一つの分野、自然地理学（気候・地形・植生をはじめとする自然環境に関する分野）も併せて学びたい方は、姉妹本の拙著『はじめて地理学』をぜひご覧ください。

あれもこれも地理学　目次

第2章 社会の課題に取り組む地理学

凡例

この本では、次のような表記のルールを使っています。

・国名について、読みやすさの点から、正式名称ではなく通称や略称を使用しています。特に、アメリカ合衆国は米国、中華人民共和国は中国としました。

・生物学的な観点からの記載はヒト、社会的な観点からの記載は人または人類としました。

第1章

暮らしの中の地理学

1 遠距離恋愛はなぜ生まれる？（空間の隔たりの地理学）

プロローグ

京都に住む大学生の太郎は、関東地方在住で、やはり大学生の花子と遠距離恋愛をしています。２０１８年の４月末。初夏の気配が漂い始めたその休日の朝、太郎はふた月ぶりに花子に会うため、新幹線（図１―１）に乗車しました。本当は5月にある彼女の誕生日に合わせたかったのですが、残念ながら休みが合いませんでした。

所要時間はおよそ2時間20分。9時に京都を出たので、お昼ご飯は東京駅で待つ花子と一緒に食べられるでしょう。乗車券と特急券で1万円以上かかっていますが、なんとかバイト代で賄うことができました。太郎は、流れるように過ぎ去ってゆく車窓の景色を眺めながら、会ったらまず何を話そうか、考えを巡らせています。

遠距離恋愛の二つの辛さ

遠距離恋愛を経験したことはあるでしょうか？　毎日でも会いたいと思う相手が、簡単

図1-1　滋賀県内を走る東海道新幹線（2012.8　滋賀県米原市）

に会うことのできない遠方の地にいるということは、切なくて、大変で、辛いことです。幸いにも昨今では、通信アプリの力を借り、空間を超えて文字や声のやり取りを行えるようになりました。しかし、このことで世の中の遠距離恋愛が解消したのかといえば、そうではありません。相手と直接会うという最も重要でかけがえのないチャンスは、機械越しには成立しないからです。実際に、その状態を経験したことのある人は、心にしみて感じるところでしょう。

そこで、遠距離恋愛の当事者たちは、その空間の隔たりを克服しようとします。すなわち、相手との間にある距離を、自らが移動することで一時的にでも解消させようと努力します。しかし、距離の解消には様々な困難が伴います。まず時間がかかります。お金も必要です。体力を消耗するかもしれません。これは、相手に会えないこととは別に、切なくて、大変で、辛いことです。

おそらく現代の日本には、こうした遠距離恋愛のカップルがあちこちにいることでしょう。中には、国境を越えたカップルもいるはずです。彼ら（彼女ら）は、今この瞬間も、「空間の隔たりの克服」を大きな課題として抱えながら時を過ごしているのです。

「空間の隔たりの克服」は、遠距離恋愛の当事者たちだけの問題ではありません。私たちの多くは、毎日、通勤や通学という行動をします。なぜなら、自宅と職場・学校が空間的に隔たっているからです。市場社会に暮らしていれば、買い物もするでしょう。欲しい品物が売っている店と自宅との間には、やはり空間の隔たりがあるはずです。あなたは、この隔たりをどのように克服していますか？　徒歩でしょうか、電車でしょうか。あるいは自家用車でしょうか。空間の隔たりはこれらの手段によって埋め合わされ、結果としてひとつながりの社会が出来上がっていると言えるでしょう。

たまには、その辺りでは売っていない珍しい品物を通販で取り寄せることもあるでしょう。その時、その品物は、遠く離れた販売元から空間を大きく移動して私たちの手元に届くはずです。人が移動するわけではありませんが、やはり「空間の隔たりの克服」のひとつの事例と言えるでしょう。人の移動は**交通**と言いますが、こうした物の移動は**物流**と言いますね。

この節では、こうした誰もが直面する「空間の隔たりの克服」という課題を、地理学の視点から考えてみましょう。

遠距離恋愛とは何か？

ところで、そもそも遠距離恋愛とは、どのような状態を指すのでしょうか。学生に聞いてみることにしました。

真っ先に、「住んでいる都道府県が相手と違う状態！」という意見が飛び出しました。なるほど。確かに、北海道と鹿児島とか、鳥取と千葉とか、そのような状態なら頷けます。けれども、こんな例はどうですか？　神奈川と東京、愛知と岐阜……。後者をちょっと解説しておきましょう。愛知県の代表駅である名古屋駅と、岐阜県の代表駅である岐阜駅との間は、ＪＲ線を使っても、ほぼ並走する名鉄電車を使っても、だいたい20分で移動できます。駅の周辺に住んでいるならば、しょっちゅう会えるではないですか！　さらに、こんな例もありますよ。北海道の函館市と釧路市、沖縄県の名護市と竹富町……。地図で確認してみてください。いずれも同じ都道府県内ですが、少なくとも丸一日、移動するのに時間がかかると思われます。つまり、イメージ的なものは別として、都道府県というくくりは実際にはあまり関係なさそうです。

私がこうした意地悪を言うと、今度は、「会いに行くのにものすごく時間がかかる状態」とか「住んでいる場所の間の距離がとてつもなく離れている状態」といった意見が出てきました。そう、どうやら実際の距離や、その距離を移動するのに要する時間が、大きく関係していそうです。

「会うのが年に数回というレベル」というような意見も出ました。これに関しては、頻度という視点はよいとしても、例えば「お互いものすごく忙しいので、すぐ近くに住んでいるのに休みがなかなか合わない」という状態は、遠距離恋愛ではありませんよね。遠距離恋愛において、何度も会いたいのに頻度を減らさざるを得ないのは、空間の隔たりを克服するためのコストが関係しているのではないでしょうか。つまり、飛行機代や電車賃の負担が非常に大きくなる、ということです。

以上をまとめると、こういうことになりそうです。同棲しているのでない限り、恋愛をする二人の居所の間には、空間的な隔たりがあります。それが大きくなればなるほど、克服するための時間やコストがかかるようになります。その時間や資金を捻出するにあたり、通常以上の努力が必要になったとき、あるいは困難さを伴うようになったとき、その状態を遠距離恋愛と呼ぶのではないでしょうか。〇キロメートル以上離れている、〇時間以上かかる、〇円以上かかる、というように具体的な数字は入れられません。困難さの程度は、人によって大きく違うからです。

例えば、貧乏な高校生のカップルだったらどうでしょう。彼らが名古屋駅と岐阜駅の近くに住んでいても、電車賃が大きな負担になるかもしれません。2019年現在、両駅間のJRの往復運賃は940円ですが、私は高校生だった時、月の小遣いが5000円だったので1000円の品物を手に入れるのも大きな買い物と感じていました。彼らもそうであれば、置かれた状況は遠距離恋愛に違いありません。しかし、彼らが定期券を持っていて同じ高校に通っているならば話は別です。

東京―札幌間の恋愛は、遠距離だとふつうは感じるでしょう。しかし、どちらか片方が非常に裕福な資産家で、乗り放題の自家用ジェット機を持っていたらどうでしょうか。東京―札幌間は、飛行機を使えばだいたい1時間で飛べますから、彼らは遠距離恋愛だとは思わないかもしれません。もしかすると、先の高校生カップルよりもずっと楽にお互いに会える環境かもしれませんよ。

時間距離とコスト距離

このように、空間の隔たりを克服するために、私たちは日常的に時間とコストをかけています。先に見たように、恋愛に限らず、通勤・通学や買い物でも同じです。このことをもう少し突き詰めてみると、距離の捉え方として、巻尺や自動車のオドメーターで測ることのできる一般的な距離（**地理的距離**）のほかに、時間で測ることができる距離（**時間距離**）と、コストで測ることができる距離（**コスト距離**）がある、と言うことができるのではないでしょうか。

例えば、駅の切符売り場に行くと、路線図に各駅までの料金が示されています。これは、コスト距離です（図1－2）。そして、改札を通ってホームに行くと、行き先の駅名表示に、現在地からの必要時間が添えられています（図1－3）。これが時間距離です。宅配便の料金や、届くまでの日数も同じことです。

基本的に、時間距離とコスト距離は、地理的距離に比例すると考えればよいでしょう。しかし、必ずしもそうとは言えない場合があるので厄介です。

例えば、近年、過疎化に伴って、中山間地のバス路線が次々に廃止されています。私は趣味の山歩きに公共交通機関を使うことがありますが、バス路線が疎らになったために、登山口までの長い距離を歩かなければならないことが増えました。当然、非常に時間がかかります。一方で、公共交通機関の発達した都市周辺にある山には、短時間でたどり着くことができます。そこで、地理的距離と時間距離の逆転が起こります。具体的な例を出せば、現住地である愛知県瀬戸市から、同県内の奥三河地方（中山間地）の山に行くよりも、京都市内の大文字山のほうが短時間で行くことができます。

もう一つ例を出しましょう。ここ10年来、LCC（ロー・コスト・キャリア）と呼ばれる格安航空会社が出現しています。キャンペーンなどを利用すると、台湾や韓国などの国外に、数千円で行くことができるようになりました。つまり、国内の近場に行くよりも、隣国とはいえ、より離れた海外へ旅するほうが安くなる場合があるのです。

つまり、単純に地理的距離だけを「距離」として捉えてはいけない、ということです。私たち人類は、文明を持って以来、「できるだけ早く、コストをかけずに空間の隔たりを克服

図1-2　コスト距離を示す券売機の路線図（2019.1　愛知県名古屋市・大曽根駅）

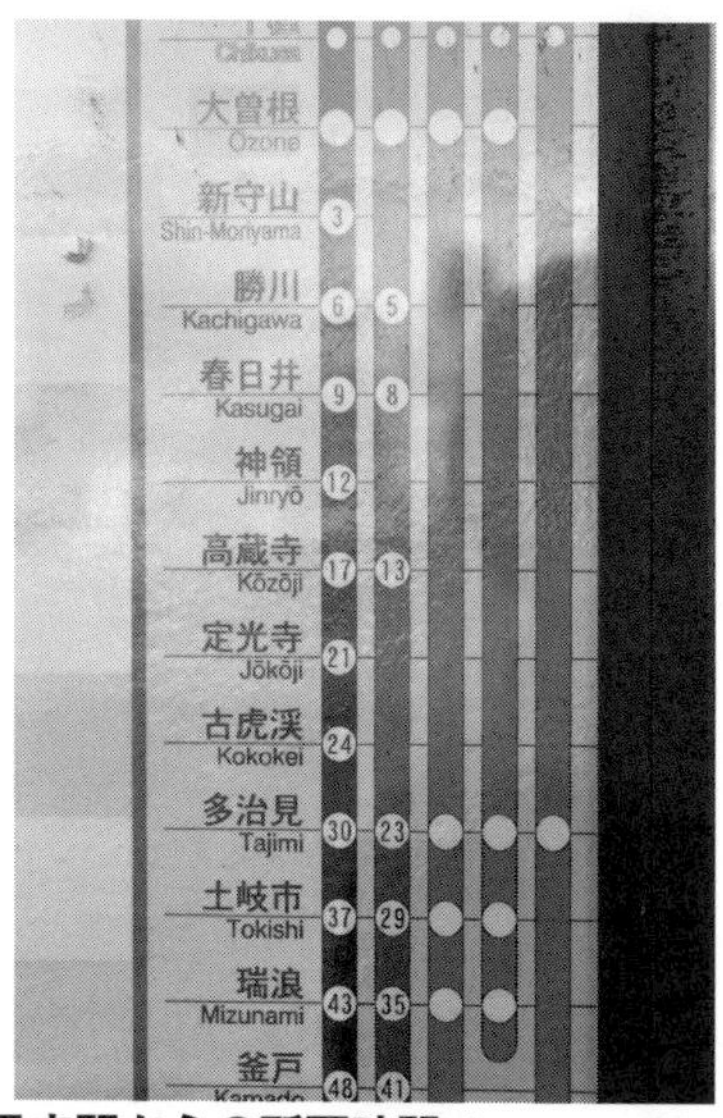

図1-3　時間距離を示す駅からの所要時間（2019.1　愛知県名古屋市・大曽根駅）

する」という命題に向き合ってきました。地理的距離はどれだけ頑張っても変えることができませんが、時間距離とコスト距離は、取り得る手段によってどうとでも短くできます。このことを考えると、人類全員が、それぞれの居所から遠く離れた場所にある「何か」に近づこうと、永遠の遠距離恋愛をしてきたと言ってもよいのかもしれません。

縮んでゆく世界

人類の壮大な遠距離恋愛は、技術の発展とともに次第に成就してゆきました。すなわち、時代を追うごとに時間距離とコスト距離は相対的に小さくなっていったのです。よく知られたディズニーの音楽に It's a small world（小さな世界）というものがありますが、まさに世界は小さく縮み、簡単にどこへでも行けるようになりました。その様子を、日本を事例に覗いてみましょう。

冒頭のプロローグで、京都の太郎は1万数千円と2時間20分をかけて東京へ向かいました。もし彼が１９５０年の世界に住んでいたらどうだったでしょう。当時、まだ新幹線はなく、国鉄の東海道線には「つばめ」という特急列車（図１－４）が走っていました。これに乗って京都から東京に行くと、片道およそ7時間。丸一日かかりました。さらに、江戸時代だったらどうでしょう。当時の庶民の旅は、徒歩です。様々な文献に基づくと、江戸と京の間は徒歩で2週間ほどかかっていました。よく知られている『東海道中膝栗毛』の弥

図1-4　国鉄の151系つばめ（1960年国鉄パンフレットによる）

次さん・喜多さんは、お伊勢参りをしてから京へ向かっているので少し遠回りですが、伊勢までは15日の旅程だったようです（その先は省略があり日程不詳）。徒歩ですので交通費はあまりかかりませんが（わらじ代や川の渡し代くらいでしょうか）、当然２週間分の宿泊費や食費がかかります。当時の庶民にして見れば、大変な贅沢と感じたことでしょう。

贅沢といえば、駕籠（かご）を使うこともできました。早駕籠という現在の特急便のような仕組みもあったそうです。１７０１年、江戸城内で浅野内匠頭が吉良上野介を斬りつけるという一大事件が起こりました。後の世に言う、松の廊下事件です。これを一刻も早く領地の赤穂（現在の兵庫県）に知らせるため、浅野内匠頭の家臣は早駕籠を使い、約５日で到着したと言います。もちろん、一組の人足が昼夜を徹して走りぬくことは不可能なので、駅伝のような形で次々に人足を替えたのだと思われます。その料金は、現在の価値にして数百万円と言われています（余談ですが、吉良上野介は私の地元、愛知県三河地方の殿さまで、新田開発や治山事業を進めるなど、地域を豊かにするための善政を敷き、領民には「赤馬の殿様」と慕われていました。悪者のイメージだけを持たないでくださいね！）。

さて、５日かかって数百万の江戸時代、３時間もかからず1万円強で済む現代。太郎にとって、遠距離恋愛は確かに時間的・経済的な困難を伴うものかもしれませんが、江戸時代の人から見れば夢のような世界と思うでしょう。

世界の縮小はとどまるところを知りません。２０２７年には、リニア中央新幹線が名古屋─東京間で開業することが予定されています。その所要時間はおよそ40分。そして、２０４０年にはいよいよ大阪まで延伸されるそうです。利用者数が順調であれば、将来的に運賃も下がってゆくかもしれません。

──２０５０年のある休日の朝、太郎が大阪府内の自宅リビングでくつろいでいると、大学生である息子、一郎が自室から出てきて、「ちょっと東京にいる友達に会いに出かけてくる。夕飯には戻るよ」と玄関に走り抜けていきます。彼は、友達と言っていますが、その浮かれ具合からどうやら彼女のようです。そして、彼女と会うのに困難さはほとんど感じていない。彼にとって、東京は大阪のすぐ隣にある街なのです。太郎は、必死に時間とお金をつくって東京に行っていた、30年以上も前のことを懐かしく思い出していました。

どの交通手段を使うか？

さて、太郎は新幹線を使って花子に会いに行きました。なぜ、ほかでもなく新幹線なのでしょうか。関西と関東の移動には、ほかにも飛行機・高速バス・自家用車などの手段がありますし、もの好きな人は江戸時代のように徒歩だったり、自転車だったり、「青春18きっぷ」を使って鈍行列車という手もあります。現代社会では、様々な「距離の隔たりを克服する手段」、すなわち輸送機関が存在しますが、利用可能な中から様々な点で最適なものが選ばれています。以下、代表的なものをざっと眺めておきましょう。

飛行機（図１－５）は、高速で非常に遠くまで人や物を運ぶことができます。しかも密閉度が高いので、移動の間、湿気や熱などに晒されることがありません。一方で、機体とそのメンテナンス費用は非常に高価ですし、やはり値の張るジェット燃料も大量に用います。飛行機を使うことで、時間距離は大きく短縮できますが、その分コスト距離は延びてしまうのです。そこで、時間距離の短縮が何より優先されるもの（人・急ぎの手紙・青果・花卉・生鮮食品など）や、コストを転嫁してもあまり問題ない、高価で繊細で小さく軽いもの（集積回路・医薬品など）を遠くに運ぶ際によく用いられます。

船舶は、水域によって隔てられた陸地どうしを結ぶという役割だけでなく、航空機と同

図1-5　短時間で人を遠方に運ぶ飛行機（2008.8　インドネシア・ジョグジャカルタ）

じように長距離の輸送によく用いられます。航空機がなかった時代は、船舶こそ長距離輸送の王者でした。ヨーロッパでは**「大航海時代」**という歴史区分があるように、船舶と航海術の発達が社会を変えた時代があり、日本でも近世には北前船などの廻船業が栄えました。現代でも、飛行機ほどコストがかからず、重いものも大量に運べるというメリットから、石油・石炭・鉄鋼石といった原料・燃料や、米・小麦・大豆のように、さほど時間経過による変質に気を遣わなくてよい穀物の輸送に大きな役割を果たしています。自動車の輸送でも船舶が活躍します（図1－6）。

鉄道は、近代化の象徴として登場した輸送機関です。広い国土を持つ国では、内陸部の資源・物資を臨海部の都市に集めるといった、効率的な開発に利用されました。このような性格

図1-6　自動車を運ぶ船舶（2019.1　愛知県名古屋市・金城ふ頭）

から、鉄道の敷設は、その地域の発展と強く結びついています。南満州鉄道のように、植民地支配の道具とされた例もありました。現在では、貨物輸送における役割は後述の自動車に押されて減じています。しかし、専用の軌道を走らせるという特徴から生まれる定時輸送のメリットは、旅客輸送の分野で、現在も大きく発揮されています。また、輸送量に対するエネルギーの使用量がほかの交通手段と比べて優れており（つまり燃費が良いということ）、省エネという側面からも注目されています。

自動車は、現代社会で最も目立つ輸送手段で、日本では旅客・貨物ともに輸送量の最大のシェアを占めています。この交通手段の最大の特徴であり利点は、何といっても、Door to Doorです。輸送の最初から最後まで一気に運ぶことができる、という意味で、飛行機・船舶・鉄道などが、その輸送起点まで何らかの別の手段で運ばなくてはいけないことと一線を画しています。日本を含む先進各国では自家用車が大きく普及し、このことを前提とした街づくりが行われています。駐車場のない駅前の商店街は廃れ、広大な駐車場を備えた郊外のショッピングセンターが増えているのもこうした流れの一環であり、このことを**モータリゼーション**（車社会化）と呼びます。ただし、自動車を運転できない（しない）人たちがその流れから取り残され、買い物難民が生まれたり、渋滞や環境汚染の原因となったりする問題も発生しています。

さて、話を元に戻します。太郎はなぜ新幹線で花子に会いに行ったのでしょうか。今回、太郎は花子と会う時間を最大限につくるため、時間距離の短縮を最優先としたからです。そこで、バスや自家用車、鈍行列車は省かれます。飛行機もそれ自体のスピードは速いのですが、空港へのアクセスや搭乗手続きに時間を取られます。つまり、京都—東京間では、考えうる手段の中で新幹線が最も早く着けるのです。

遠恋の来た道

この節では、遠距離恋愛を題材として「空間の隔たりの克服」を考えています。ここで、根本的な問いかけをしてみましょう。なぜ、この社会で遠距離恋愛という「切なくて、大変で、辛い」状態になってしまうカップルがしばしば生じるのでしょうか。好き好んで、そんな状態に身を置くカップルはまずいないはずです。何らかの社会的背景が、そのような状態を作り出しているとは言えないでしょうか。

このことを具体的に考えるために、もう一度太郎に登場願いましょう。太郎の実家は東京にあり、もともとは都内の高校に通っていました。そこで花子と出会ったのです。その後、花子が都内の大学に進学した一方、太郎は京都の大学に進み、下宿を始めました。こうして、太郎は花子と遠距離恋愛となったのです。同じような例は多くあるでしょう（ＡさんとＢさんは同じ職場で出会ったが、Ｂさんが別の地方に転勤してしまった、など）。遠距離恋愛が生まれるプロセスには、こんな例もあるでしょう。ＣさんはＤさんと幼なじみで、当初は何とも思っていなかったが、Ｄさんが就職のために別地方に出たあと、たまたま同窓会で帰省したときに意気投合した。Ｅさんは、仕事でしばらく海外に赴任していたが、その時に現地のＦさんと出会い親しくなった、など。

こうした例から浮かび上がるのは、人が、仕事でも、学業でも、プライベートでも、あちこち移動するのが当たり前の時代になっているということです。この社会において、人は、いろいろな場所で、様々な人と出会います。さらに、その出会った地に留まらず、極端に言えば流転を繰り返すので、遠距離恋愛という事象が頻繁に見られるようになったと考えられます。その背景には、先に述べたような「縮んでゆく世界」があります。

時代劇を見ると、遠方に旅立つ人のために、盛大に宴会が開かれ、涙を溜めた親類縁者らが次々とはなむけの言葉を述べるシーンがあったりします。特に日本のように農業を基盤として成り立っていた社会では、人が居所を遠方に移すということは稀で重みのある出来事でした。そして、ひとたびその地を離れれば、通信手段が限定されていたこともあって、再び会う可能性はかなり低かったのです。現代を舞台としたドラマでも、空港などでの涙の離別シーンが一応はあります。でも、「やっぱり付いていく！」と言って、次の便で追ったりしていますね。重みがまったく違います。

このように人が活発に空間を移動して歩くようになれば、それに伴って物やお金の移動も活発になります。そして今や、人は国境を越えて普通に移動し、経済は地球規模で目まぐるしく変動するような社会となっています。このような社会の変化を、**グローバル化**とか、**ボーダーレス化**と呼ぶことがあります。それぞれ、全地球が一つになる、国境をはじめとした地域の境界を意識しなくなる、という程度の意味です。

グローバル化の副作用

グローバル化やボーダーレス化が進めば、世界各地のものが、世界のどこでも苦労せず手に入るようになり、経済規模も大きくなって、活気溢れる豊かな社会が実現する――と思われます。実際に、現代社会はそれがほぼ実現しています。先に述べた、人類が恋焦がれた「何か」とは、まさにこの状態なのかもしれません。しかし一方で、時間距離やコスト距離が縮減することに伴う副作用（問題やリスク）があることにも目を向けなくてはいけません。最後に、敢えてそのことを考えてみましょう。

第一の副作用は、地域文化を消失させることです。人々がボーダーを越えて自由に行き来するようなれば、世界は全体として平準化してゆきます。今や、世界のどこでも同じような様式の宿泊施設（ホテル）があり、レストランでは同じような食事が提供されます。たいていはヨーロッパ式が標準になっており、それ以外のものは廃れつつあると言えます。方言についても同じことが言えます。人が、長い時間をかけて地域の気候風土に適応する中で培ってきた多様な文化が、人類共通の遺産であるという考え方をするならば、その保全は喫緊の課題と言えるでしょう。

第二の副作用は、環境を破壊することです。時間距離・コスト距離の縮減は、環境の犠牲のもとに成り立っていると考えなくてはいけません。世界を飛び交う飛行機や、街に溢れかえる自動車からは、大量の温室効果ガスと大気汚染物質が排出されています。比較的環境負荷が少ないと言われている鉄道においても、その敷設に際しては多くの自然環境が損なわれています。吉村昭の『闇を裂く道』は、東海道線の丹那トンネル掘削工事を取材した小説ですが、水に恵まれた豊かな村がトンネル工事に伴って変わり果てた様子が描かれています。これは過去の話ではなく、現在建設中のリニア中央新幹線でも、まったく同じような環境への影響が懸念されています。

第三の副作用は、人をして実際の距離（地理的距離）が縮減したという幻想を抱かせることです。「職場まで〇分かかる」というように、私たちは日ごろ、時間を使って距離の感覚を得ています。その時間距離は、多くの場合、電車や自動車のような「文明の利器」の利用を前提としています。それらは、数十年前、数百年前の人が多くの時間を費やして移動した距離を、あっという間に移動してのけます。このような「文明の利器」がふいに使えなくなったとき——例えば、鉄道やバス路線が廃止になったり、事故や災害で運休したりしたとき——、私たちは厳然として変わらない地理的距離とのギャップを突きつけられ、激しく戸惑うことになります。２０１１年の東日本大震災に伴って発生した帰宅難民の問題は、まさにそれが具現化したものと言えるでしょう。人々が人力で無理なく移動できる範囲に住んでいれば、そもそもそのような現象が起こることはなかったのですから。私たちは、日ごろから「文明の利器」によって時間距離が大きく縮んでいることを自覚し、その前提が崩れたときの備えを考えておく必要があるのです。

世界が縮んで地方も縮む？

そして第四の副作用は、地域間の格差を大きくすることです。皮肉なことに、社会を豊かにするはずの時間距離とコスト距離の縮減が、地域によってはその逆の効果をもたらしているのです。

交通機関が発達すると、経済の中心地へのアクセスが容易になります。日本の例を出せば、札幌・仙台・東京・名古屋・大阪・広島・福岡といった大都市が、より一層にぎわうようになります。人が集まれば、店や工場や学校も集まってきます。当然、お金も集まってきます。

しかし、別の見方をすれば、人もお金も、周辺地域から都市に吸い出されてしまう、ということです。そのルートとなるのが、高速道路や新幹線をはじめとした高速鉄道です。都市が、高速道路や鉄道というストローで、周辺から人やお金をチューチュー吸っているように見えるというので、このことを**ストロー効果**と呼んだりもします。

地方の都市も安泰ではありません。全国展開している企業の多くは、各地方の中心都市（例えば、東北であれば仙台、中部であれば名古屋、など）に支社・支店を構え、その地方の業務の拠点としています。本社・本店のある東京からでは距離がありすぎて、人をやることが難しいからです。このような都市は**支店経済都市**と呼び、たくさんの支社・支店があることが、それらの都市の経済基盤となっています。ところが、リニア中央新幹線のような現状の時間距離を大きく変えてしまうようなインフラが成立すると、その基盤がゆらぐ可能性があります。例えば、名古屋と東京が40分という短時間で結ばれるようになれば、わざわざ莫大な維持費を支払って名古屋に支社・支店を置いておかなくても、簡単に東京から人をやることができます。「東京が名古屋に太いストローを差し込んで、人やお金をチューチュー吸おうとしている！」と考え、経済的なプラス面よりもマイナス面を心配する人も多いと聞きます。
　ところで、この章の題材として取り上げた遠距離恋愛も、こうした時間距離とコスト距離の縮減に伴う副作用の一つとして数え上げられるのかもしれません。人は、自ら移動を活発化させ、出会いの機会を増やしました。かつての世の中ではすれ違うはずもなかった人どうしが出会うのは素晴らしいことですが、反面、人はそのことに振り回されるようにもなってしまいました。人は何とも「切なくて、大変で、辛い」動物ですね。

まとめ

○距離には、巻尺で測ることのできる地理的距離のほかに、時間距離やコスト距離がある。
○現代は、様々な輸送機関が発達した結果、時間距離やコスト距離が狭まり、離れた地域に容易に到達できるようになった。
○時間距離やコスト距離の縮減によって、社会のグローバル化やボーダーレス化が進んだ。
○グローバル化やボーダーレス化は社会を豊かにした一方で、地域間の格差を助長したり、環境破壊を引き起こしたりするなどの負の影響ももたらした。

質疑応答 Q&A

Q　遠距離恋愛を考えるならば、時間距離・コスト距離のほかに心理距離というものもあると思いますが、地理学では扱わないのですか？

A　質問のように、相手との親密さを表す尺度として心理距離を捉えた場合、地理学における距離の尺度としては扱えません。なぜなら、地理学は地球表面付近に展開する事象を扱う分野だからです。地理的距離はもちろん、時間距離やコスト距離は、地球表面に散らばる事象の間を測ることができますが、心理距離では困難です。

ただし、距離の尺度ではなく、それを地球表面に展開する事象として捉えるならば、地理学の扱う対象になります。例えば、遠距離恋愛中のカップルの心理距離をアンケートなどで客観的に測定し、それが彼らの居住地間の距離と関係しているのか？　といったことを調べるならば、文句なしに地理学の研究となります。

一方、心理距離を、「近く思える」「遠そうだ」というような、心（頭の中）で把握される距離と定義するならば、地理学で扱うことは可能です。例えば、ある地域の地図を何も見ずに手書きし、そのうえで実際の地図と比較してみると、実際の距離と比較して近く描いている場所や、遠く描いている場所があることでしょう。つまり、心理的に空間がゆがめられていると理解できます。よく知っている場所は近くに配置しがちでしょうし、時間距離やコスト距離にも影響を受けているでしょう（安く早く着ける場所は近くに配置してしまう）。このように、人が心を通して行う地理空間の把握

を**空間認知**と言います。**行動地理学**という分野では、心理学の知見も導入しながら空間認知の研究が進められています。

Q 交通・輸送手段として、家畜にはどのような特徴がありますか？

A 家畜は、蒸気機関のような動力が普及するまで、主要な交通・輸送手段だったと言えるでしょう。日本でも、「伝馬町」という地名に残るように、馬は長距離の迅速な情報伝達の手段として欠かせませんでしたし、高度成長期までの農村では、牛が現在の軽トラックと同じように人や農産物の輸送に利用されていました。昭和初期を時代背景としたスタジオジブリの映画『風立ちぬ』では、工場で組み立てられた戦闘機を、試験飛行する場所まで運ぶのにも、牛が使われていましたね。今でも、中央アジア草原地帯の馬、アフリカ砂漠地帯のラクダのように、乗用・荷物運び用として利用されている地域があります。

味噌汁を飲むと温暖化が進む？（貿易の地理学）

もし港湾と空港がすべて閉鎖されたら？

貿易について、話をしましょう。貿易というと小難しく感じますが、基本的には、フリマアプリで個人が行う売買と同じです。余っているもの、不要なものを売って、お金に換える。そのお金で、、足りないもの、欲しいものを買う。あるいは、作るのが得意なものを売って、不得意なものを買う。これを国どうしで行うことを貿易と言います。売ることは**輸出**、買うことは**輸入**、併せて輸出入で貿易は成り立っています。

現代の社会に生きる私たちは、その生活の基盤の多くを貿易に頼っています。実感していただくために、日本国内の港湾と空港が何らかの理由ですべて閉鎖され、まったく貿易ができなくなった社会を考えてみましょう。

年の瀬も押し迫ったある日。冬至が近いのでカボチャ料理を作ろうとスーパーに行くと、倉庫に保存されていた北海道産のものが、非常に高値で売られています。カボチャは夏が旬の野菜なので、冬場は品薄なのです。そうした時期は、通常、南半球のニュージーラン

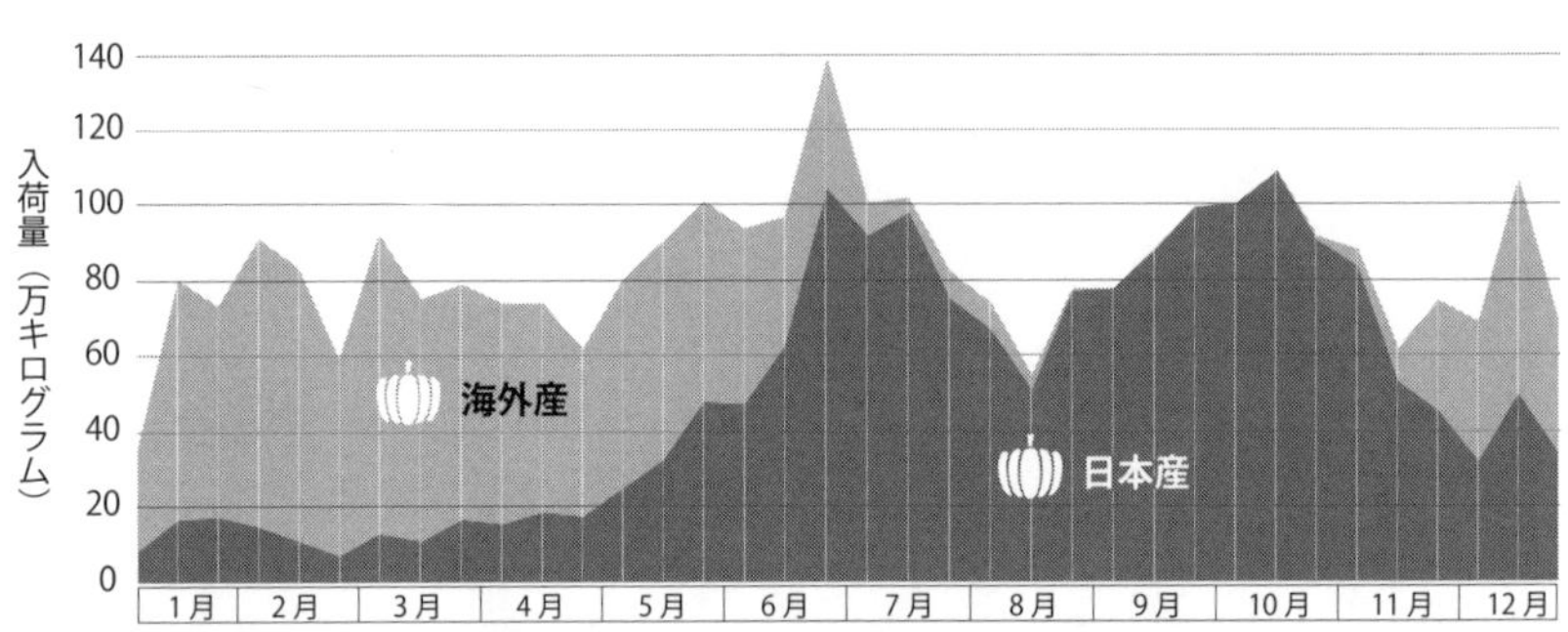

図1-7　東京卸売市場におけるカボチャの旬別・産地別入荷量（2018年）
データ：独立行政法人農畜産業振興機構野菜情報総合把握システム（ベジ探）

ドや年間を通して温暖なメキシコから輸入して需要を満たしていますが（図1－7）、貿易がストップした世では望むべくもありません。当然、クリスマスに飲むのを楽しみにしていたフランス産のワインもありません。

カボチャやワインは我慢して、パンを食べることにしました。しかし、どの種類のパンもほとんど品切れのうえに異様に高い。なぜなら、日本で消費される小麦の自給率（自国で賄えている割合）は2割に満たないからです（２０１7年現在）。だから、パンだけでなくうどんも今や高級品です。牛肉も豚肉も、高い国産のものしかありません。幸い、米はほとんど値上がりしていなかったので、ならばご飯ものにしようと買いました。主食用として売られている米は、ほぼ国内産だから影響を受けなかったのです。

やっとのことで買い物を終えて、自転車で家に帰ります。スーパーまでは距離があるので自家用車を使いたいのですが、今はどのガソリンスタンドも休業中です。通りは、優先的に燃料が配分されるバスやパトカーが時折通るだけ。ほとんど車はありません。原油をはじめとした日本のエネルギー自給率は10％にも満たない状態ですから、貿易がストップすればほぼ供給は途絶えます。政府はこのような場合に備え、数か月分の燃料備蓄を行っていますが、それも早晩底をつくでしょう。スーパーで品切れが多かったのは、流通がマヒしていることもあるのでしょう。電気もほとんど作れないので、計画停電が行われています。暖房が使えず、家の中はしんしんと冷え込んでいます……。

考えるだけでもそら恐ろしく、願い下げです。実際に貿易が全停止すれば、工場も稼働せず従業員も出勤できないので、経済循環が立ち行かなくなり、実際にはもっとひどいことになるでしょう（先の太平洋戦争開戦前夜の日本は、経済封鎖を受けて実際にそのような状況が強く危惧されていました）。つまり貿易は、生活だけでなく社会全体の仕組みの根幹にある重要なインフラなのです。

なぜ国際社会で貿易が進むのか？

ではなぜ、今日は貿易のあることが前提の社会となっているのでしょうか。

時をさかのぼれば、鎖国と言って、まさにほとんど貿易が行われなかった時代もあるはずです。鎖国をしていた江戸時代の人々が、そのことで困窮を極めたという話を聞いたことがあるでしょうか。確かにヨーロッパ式の文化の普及が遅れた側面はありますが、経済はある程度充実し、時々の飢饉を別にすれば、国民全体の食生活が危ぶまれるようなことはありませんでした。それはなぜかというと、江戸時代は、おおよそ国内だけで経済が成り立つような国の仕組みになっており、基本的に国内で生産された産品だけを、国内で消費することが当たり前だったからです。

ところが幕末に開国すると、他国との本格的な付き合いが始まります。政治的・文化的付き合いもありますが、何と言っても経済的付き合いが重要になります。日本が米国と結んだ最初の条約は「日米和親条約」ですが、次に結んだのは何でしたか？「日米修好通商条約」ですね。通商、すなわち貿易をどんどんしましょう！ということです。

外国からの圧力によって近代貿易が開始されたのは日本の特徴ですが、世界的に見てもちょうどこの頃に貿易の活発化が起こっています。19世紀は**産業革命**が各地に伝播してゆく時代にあたり、鉄道や動力船などによって「空間の隔たりの克服」が急速に進みました。これをきっかけの一つとして、貿易のネットワークが次々と形づくられ成長してゆくことになります。皆さんも、ネットオークションやフリマアプリを使うときは、できるだけたくさんの利用者を抱えているところのほうが、買い手もつきやすいし、高く売れる可能性もあるし、欲しいものが見つかりやすいですよね。同じように、国にとっても貿易のネットワークは大きくなったほうが、経済は発達しますし、生活は豊かになります。この世界的な流れの中に、日本の開国があったと考えてよいでしょう。

その後も世界の貿易のネットワークはさらに大きく広がり、太くなっていきます。その背景には**国際分業**という考え方があります。国際分業とは、それぞれの国で、特定のものを重点的に生産し、売ることを言います。その国で多く産出する資源や農産物。その国で安く作ることができるもの。技術的にその国が得意とするもの。言うなれば、それぞれの国が各品目の直売所となるようなものです。世界の国々は、欲しいものをこうした「直売所」から買いまわることによって、効率的に手に入れることができるようになります。これは、「空間の隔たりの克服」がかなり成功した現代社会ならではの考え方と言えるでしょう。

様々な貿易のあり方

一口に国際分業と言っても、様々な形があります。

一般的に言って、経済発展が進み高度な技術を持つ先進国は工業製品を「主力商品」にしています。一方で、経済発展がこれからの開発途上国は**一次産品**を「主力商品」にしています。一次産品とは、農産物や木材、地下資源（原油・鉱物など）といった、加工していないもののことを言います。これらは、高度な技術がなくても生産し売りに出せるからです。ここで、一次産品と工業製品をやりとりする貿易を**垂直貿易**と言います。原料と、それを加工した製品の関係を垂直という比喩で示しています。対して、工業製品どうしをやりとりする貿易は**水平貿易**と言います。ですから、先進国と開発途上国の間の貿易は垂直貿易であり、先進国間の貿易は水平貿易である、という説明がこれまでの教科書の一般的記述でした。

ところが近年では、開発途上国も工業力をつけて工業製品を輸出するようになってきました。高度な技術を必要としない製品の場合は、開発途上国で作られたものでも結構な需要があります。それは、人件費が安いため、製品も安く作ることができるからです。例えば、衣類がそうです。皆さんが持っている洋服の原産国を確かめてみると、ベトナムやタイで作られているものが見つかるのではないでしょうか。このように、先進国と開発途上国の間の貿易でも、垂直貿易でない場合が増えているのです。

ところで、先にお話ししたように、貿易は基本的に、余っているものや不要なものを売って、足りないものや欲しいものを買うという活動です。ところが貿易が発達すると、必ずしもこれに当てはまらない活動が出てきます。

例えば、輸入で仕入れたものを、そのままほかの国に輸出する場合があります。これを**中継貿易**と言います。手っ取り早く言えば、私たちがよく利用するコンビニなどと仕組みは同じです。コンビニは、店員が欲しいものを買うのではなくて、お客さんに売れそうなものを仕入れ、買値と売値の差で収益を得ていますね。つまり、中継貿易をしている国は、それ自体がまさしく商店のような役割をして、経済を支えているのです。かつて存在した琉球王国は、東アジアと東南アジアの間にあるという地の利を生かし、中国・日本・朝鮮・ベトナムといった国々との間で盛んに中継貿易を行い、栄えたことで知られます。

輸入した原料を、その国の中で加工し、製品として輸出する場合もあります。これは**加工貿易**と言います。中継貿易をする国が商店であれば、加工貿易をする国は工場と言えるでしょう。加工貿易は、原料に付加価値をつけて売り出すこととも言えるので、品物をそのまま転売する中継貿易よりも儲けはよくなります。日本は資源が乏しい一方、近代化からしばらくすると工業力や技術力をつけたので、長らく加工貿易の国として知られていました。

モノカルチャー経済

かつて、多くの開発途上国は、一次産品、特に特定の農産物の輸出に頼って国の経済を維持していました。この状態を**モノカルチャー経済**と呼びます。ちなみに、モノカルチャーのモノとは、モノクロやモノレールとおなじ「単一の」という意味の言葉で、日本語の「物」とは関係ありません。

具体的な農産物としては、コーヒー豆・カカオ・茶・天然ゴム・サトウキビ・パーム油・バナナなどであることが多く、それらの多くは**プランテーション**と呼ばれる単一作物をひたすら栽培する大規模農場で生産されています。モノカルチャー経済の国では、こうした作物の出来不出来が国全体の経済を左右しているわけで、至極不安定な状態です。頼りの農産物が、病虫害や天候不順等によって凶作となったり、需給バランスが崩れて価格が暴落したりしたらどうでしょう。一気に国が立ち行かなくなるような、深刻な経済状況となりかねません。

これらの国々は、好き好んでこうした経済を選んだのではありません。貧しいなりにも自分たちで食べる農作物を栽培して暮らしていたところに、西欧列強がやってきて植民地支配を開始したことが、その発端にあります。その支配者らは、人々の自給用の農地を取り上げ、輸出用のプランテーションに替えてしまったのです。農地を奪われた人々は、やむなく安価な労働力として使用されました。時がたって植民地支配から解放された後も、プランテーションは自給用の農地には戻りません。引き続き、プランテーションで生産される「食べられない」か「食べてもお腹が膨れない」農作物を売ってお金を稼がないと、食べるものが手に入らないという状況に置かれてしまったのです。しかし、現在はこうした国々も、先に述べたように徐々に工業力をつけてくるようになり、モノカルチャー経済からの脱却が図られています。

モノカルチャー経済から脱却した国の輸出統計を見ると、工業製品の割合がぐんと伸びているので、なんとなく一次産品の輸出は大きく縮小したかに見えます。実際にはそうではありません。輸出額が大きく膨らんだため、割合としては小さくなっていますが、量（額）としてはあまり変わっていないことが多いのです。これは、こうした工業原料や農産品の需要は変わらずに存在し、プランテーションでもそのまま生産を続けているからです。

日本のお得意様は？

ここで、日本をめぐる貿易の状況を概観しておきましょう。

明治から昭和初期まで、日本の輸出品といえば、何と言っても生糸でした。時期によっては輸出額の40％を超えていました。生糸の原料である繭の生産（養蚕）も非常に盛んで、それを糸にして多少の付加価値をつけて売り出していたのです。まさに「生糸の直売所」でした。２０１５年に放映された大河ドラマ『花燃ゆ』では、群馬県令となった元長州藩士・楫取素彦（主人公・文の夫）が、主力産業として養蚕と生糸の生産を盛り立てていく様子が活気をもって描かれていますが、一方で『女工哀史』『あゝ野麦峠』に見るような女性の過酷な労働もその背景にありました。こうして得た外貨で、日本は近代化を進めていったのです。そして日本は２０１７年現在、輸出額と輸入額とを合わせた貿易額で世界第４位の貿易大国になりました。日本より上位にある国は、世界に米国・中国・ドイツしかありません。

現代の日本が「直売所」として得意としているのは、機械類や半導体などです。機械類の中でも自動車は最も多く（２０１８年では輸出額のおよそ15％）、日本は世界有数の「自

図1-8　輸出を待つ自動車（2019.1　愛知県名古屋市・金城ふ頭）

動車直売所」と言ってよいでしょう（図1－8）。日本のお得意様（主な輸出相手国・地域）は、米国・中国・韓国・台湾・香港などで、米国を除けばアジアの隣国が並びます。米国は、自国内でも自動車を多く作っているのに、日本からどんどん輸入されてくるので、折に触れて**貿易摩擦**の火種になっています。こうした自分の国で生産するものと、輸入されるものとの競合については、次の項でお話ししましょう。

一方、日本がよく買っているもの（主要輸入品目）は何でしょうか。原粗油・LNG（液化天然ガス）・石炭といった燃料が常に上位にあり、銅・鉛・アルミニウムなど、工業原料となる非鉄金属も多くの割合を占めます（鉄については、その原料である鉄鉱石を多く輸入しています）。日本は燃料や原料に乏しいので、それを輸入で賄い、加工して売るという加工貿易的な傾向が、今なお続いています。しかし、その傾向はかつてより弱まっています。これも先に少しお話ししていますが、日本はアジアの国々から多くの衣料品を輸入しており、２０１８年には輸入額の４％にまで達しています。そのほか、電算機類（パソコンなど）や通信機（スマートフォンなど）も、多く輸入されています。

輸入品として忘れてならないのが、私たちの生活に直結する食料品です。特に米を除く農産物は多くを輸入に頼っているため、２０１８年現在、日本の**食料自給率**はカロリーベースで37％しかありません。

日本がこのような品々を買う国（主要輸入相手国・地域）を見ると、基本的には中国・アメリカ・韓国・台湾など、輸出相手国・地域と同じような顔ぶれになります。しかし、少し違うのが、オーストラリア・サウジアラビア・アラブ首長国連邦のような、燃料・資源の産出国が加わることです。燃料・資源は、工業生産を進めるうえで不可欠なので、少し遠いところからでも、豊富な量を仕入れる必要があるからです。

貿易で国内産業がしぼむ？

国際分業の流れの中で、それぞれの国は、各品目の直売所として振る舞うようになったというお話をしました。実際には、国そのものではなく、それぞれの国に存在する企業が商売をしているわけです。つまり、企業は安く仕入れられる国から品物を買いつけ、国内の市場で欲しい人に売って儲ける。この活動に、政府が制限を加えず、自由に行わせる貿易のあり方を**自由貿易**と言います。

しかし、完全に自由な貿易を許してしまうと、それぞれの国にとって都合の悪いことが出てきます。それは、どんなことでしょうか。

それぞれの国は、貿易の視点から見れば得意品目を中心とした直売所に近い存在ですが、国内の産業が輸出用の品目だけということはありません。国内向けの多種多様な産業があり、そこで多くの製品が作られ、これに従事するたくさんの人々もいます。こうした中に、海外から同様の製品がたくさん入ってきたら、消費者はどう動くでしょう。日本のように経済が発達した国は概して人件費や物価が高い傾向にあるため、輸入品のほうが安いことが往々にしてあります。仮に品質が同等で、輸入品が安ければ、そちらを買うでしょう。中には、品質的に劣っていても、そこまで難がなければ安いほうがいいという人もいるでしょう。この状況が続くと、国産品は売れなくなり、その製品を生産する国内の産業は廃れていきます。失業する人も多く出るでしょうし、産業が縮小することによって国の経済全体がしぼんでしまう懸念もあります。

この状況のもと、国内の企業の中には、生き残りをかけて海外に工場を建設し、そこで安く生産したものを自国内に運んで売る、**逆輸入**という作戦に出るところも増えてきます。こうして国内の産業が外に出ていく現象を**産業の空洞化**と呼びますが、万が一、流通がストップしてしまった際には大きなリスクになります。産業が外に出ていくこともせず衰退した場合は、技術が永久に損なわれてしまうことにもなりますし、衰退する産業が農業であった場合、農地は荒れ放題となり国土の荒廃につながるおそれもあります。

関税という貿易のストッパー

このような状態に陥ることを防ぐため、それぞれの国は、経済的な仕組みで輸入にストッパーをかけています。その仕組みを**関税**と言い、関税によってコントロールされた貿易を**保護貿易**と言います。

関税とは、輸入する業者が、輸入する国に支払う税金です。関税は、輸入する品目別に、税率や金額が細かく決まっています（買い付けた額に対する割合だったり、一定量に対していくら、という形だったりする）。つまり、輸入業者は、買い付けた額に加えて関税を負担するわけで、これがお店に並ぶときの値段にも反映されます。ですから、関税を高くすればするほど、輸入品は高くなって売れにくくなるのです。例えば、米は日本の農業の基盤をなすものですから、原則として1キログラムあたり４０２円という非常に高い関税がかけられています（２０２０年1月現在）。スーパーで売っている一般的な国産のお米の値段を見ると、だいたいそれくらいですよね。輸入米はほぼ太刀打ちできません。国は、「外国のお米は売れなくてよい！」と言っているのと同じというわけです。

お米はかなり極端な例ですが、様々な品目にこのように高い関税をかけると、確かに国内の産業は保護されます。しかし、今度は品物を売りたい外国から白い目で見られます。ですから、関税というのは非常に難しく、国内の生産者の意見を聞きながら外国とも交渉し、やっと決めたがそれでも双方に不満が残る、という場合も少なくありません。

現在、**FTA（自由貿易協定）**や**EPA（経済連携協定）**と言って、複数の国々の間で物やサービスのやり取りを活発化させ、経済的な結びつきを強めること目的に、その国々の間で関税を撤廃したり、思い切りよく引き下げたりする約束を結ぶ例が見られます。2018年末に発効した、**TPP（環太平洋連携協定）**と言われるものもそのひとつです。日本では、高い関税によって守られてきた農業に関わる人たちからは反対の声が大きく、一方で、海外にどんどん製品を売りたい製造業の人たちからは賛成の声が大きい傾向にありました。

味噌汁によって地球温暖化？

貿易の進展は、経済発展を進め生活を豊かにした一方で、国内産業の保護と国際協調のせめぎあいという課題をもたらしたことがわかりました。さらに貿易は、経済とは異なる部分、具体的には環境や人権に関わる課題も抱えています。

貿易とは、国境を越えて物を移送することですから、第一節で紹介した「空間の隔たりの克服」にかかわる第二の副作用と同じことが言えます。つまり、輸出入に用いられる飛行機・船舶・自動車・鉄道といった便利な輸送手段は、一方で、大気汚染や地球温暖化、その他自然環境の破壊の元凶となっているということです。

このことに関連して、**フードマイレージ**という考え方を紹介しましょう。これは、食料品の輸入（国内の輸送も含む）に関する環境への負荷をわかりやすく把握するための指標です。具体的には、ある食材について、運ばれた「距離」と「重さ」を掛け合わせたものです。つまり、運ばれた距離やその重量が大きいほど、その数字は大きくなりますが、その分、環境に負荷をかけている（例えば地球温暖化を引き起こす二酸化炭素を排出している）とみなせます。同じ食材を使うにしても、なるべく近い国の、できれば国内産のものを使用すれば、フードマイレージは小さくなり、環境への負荷は小さくなります。

日本人のソウルフードとも言える味噌汁は、トータルで見ると、非常に大きなフードマイレージを持っています。日本における大豆の自給率は、２０１８年度現在10％未満であり、大部分がアメリカ・カナダ・ブラジルといった遠方の国から輸入したものです。味噌汁に欠かせない味噌は大豆がなくては造れませんし（豆味噌でなくても大豆が一定量使用されている）、豆腐はまさに大豆のエキスから作ります。日本人が味噌汁を飲んで、「ああ、まさに日本的な食事をしている」と感じるたびに、海外産の大豆が次々と運ばれ、その過程で環境に負荷がかかっているのは皮肉なものです。たまには、少し高いのを我慢して、国内産の大豆を使った味噌や豆腐を食べてみるのはどうでしょうか。

輸入品の生産現場でも問題が起こっています。先に紹介したプランテーションは、生物多様性の宝庫とも例えられる熱帯雨林を切り開いて造られたものです。熱帯雨林において、作物にとって重要な腐植土層は非常に薄いです。植物の生産性は高いのですが、微生物の働きも活発なため、あっという間に分解されてしまうからです。雨ざらしになった農場では、またたく間に腐植土が流出し、これを補うために大量に肥料が撒かれます。結果、深刻な水質汚濁が起こります。また、単一の作物生産によって生態系が単純化するため、病虫害も大きなリスクとなりますが、これを回避するために大量の農薬が使用されます。

油やしを原料にした洗剤を売り出しているメーカーが、「植物由来で環境にやさしい」と宣伝することがあります。確かに、洗剤そのものは、環境中での分解が素早く、負荷は小さいのかもしれません。しかし、原料生産の現場についての詳細は、消費者の私たちにはわかりません。上記のような、大きな環境への負荷をかけているプランテーションが由来の原料から作られている可能性もあることに、思いを巡らせなければいけないでしょう。

プランテーションでは、人権上の問題も指摘されています。価格競争で優位に立つため、働く人たちが低賃金かつ劣悪な環境の下で働いている場合があるからです。奴隷のようにこき使われたり、年端もいかない子どもたちが働かされたりしていることさえあるかもしれません。さらに、先に説明した大量の農薬散布が、労働者や近隣住民らの健康を蝕んでいる例も報告されています。私たちが、輸入品を安く買えることの裏には、こうした事情が潜んでいるのです。

この問題を解決するために、近年、**フェアトレード**という考え方が注目されるようになりました。直訳すると「公正な貿易」となりますが、単に売買の現場でズルやちょろまかしをしない、という意味ではありません。先に説明したような人権上の問題がない生産現場――つまり労働者には適正な賃金が支払われ、安全や健康が保障され、環境的にも持続可能な生産が行われている現場――からの製品を見極めて、それらを積極的に輸入してゆこう（消費者としては、そのような輸入品を選んで買おう）、という考えです。しかし、多くの消費者は、生産の現場に行ったことがないし、何を基準に選んでよいかわかりません。そこで、信頼のおける機関が、しかるべき裏付けをとって、製品や事業を行う団体に対して認証を行っています（企業などが独自の基準を設けている場合もあります）。私たちは、そうした認証のマークによって、フェアトレード商品かどうかを知ることができます。フェアトレードの動きは、コーヒー豆や紅茶、チョコレートといった食品だけでなく、コットン（綿製品）や切り花なども、広がりを見せています。

○貿易は国境を越えた品物の売買であり、現代社会は貿易に依存して成り立っている。
○輸送機関の発達は貿易を活発化させ、その結果国際分業が進んだ。貿易の広がりは世界経済を発展させた一方で、不安定なモノカルチャー経済や、産業の空洞化といった問題をもたらした。
○国内産業を保護するため、輸入品に関税をかける保護貿易が行われているが、複数の国々で関税を撤廃・低減し、より経済交流を進めようという動きもある。
○貿易は環境へ負荷をかける活動であり、場合によっては人権上の問題も抱えている。フェアトレードはそのような問題を解決する取り組みとして注目されている。

Q　貿易黒字・貿易赤字とは何ですか。貿易赤字になると、国が借金を背負うことになるのですか。

A　国全体の輸出額（売った額）が輸入額（買った額）を上回っている状態を**貿易黒字**と言い、その逆を**貿易赤字**と言います。国家が売り買いしているのではなく、会社どうしが売り買いしているものを集計した結果なので、貿易赤字になっても国が借金を背負うわけではありません。ただし、日本のように貿易額が多く、多くの企業が国を跨いだ売買をしている場合、国の経済（景気）への影響はあります。例えば、貿易黒字が大きいときは、国内の企業が海外にたくさん物を売って儲かっている状態と言えますので、概して景気はよくなる傾向にあります。もちろん、各企業は国内にも多くの物を売っていますので、貿易収支だけで国の景気動向が決まるわけではありません。

Q　かつて日本の主力輸出品だった生糸は、まだ日本国内で生産されているのですか。

A　一般社団法人大日本蚕糸会の統計によると、２０１３年現在、日本国内に４８６戸の養蚕農家があり、１８６トンの繭が生産されているようです。また、７カ所の製糸工場が稼働しており、約４００俵（１俵は60キログラム）の生糸が生産されているとの

ことです。養蚕や生糸の生産は、往時と比べものにならないくらい零細な産業となりました。こうした産業が国内から完全になくならないのは、希少価値を生み、高級品として一定の需要があるのではないでしょうか。

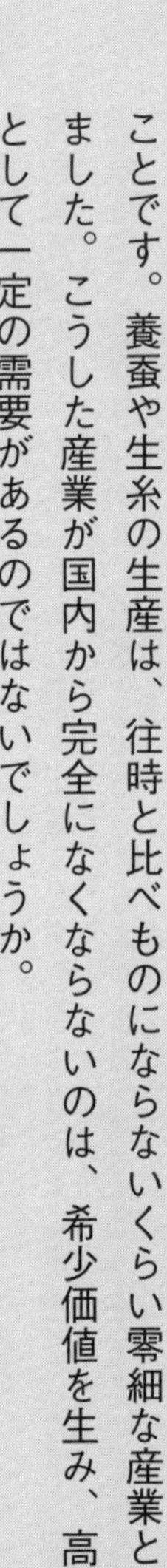

Q 食料自給率の説明で「カロリーベース」とありますが、どんな意味ですか。「重量ベース」や「生産額ベース」というものもあるようですが。

A 食料品の自給率を算出するとき、含まれるカロリー（熱量）を基準にして算出する方法をカロリーベースと言います。つまり、カロリーベースで37%の食料自給率とは、国内で消費されるすべての食品に含まれるカロリーのうち、国産食品に含まれるカロリーが37%であるということを示しています。人が食品を摂取する最も大きな目的は、命をつなぐエネルギー（すなわちカロリー）を摂取することです。したがって、食料自給率をカロリーで算出することは、基本かつ重要と言えるのです。一方、重量ベースとは重さを基準に算出するものです。食品によって重さはまちまちなので、品目ごとの計算では問題ありませんが、トータルの食料自給率を重量ベースで産出してもあまり意味のない数字になってしまいます。生産額ベースは、食品の値段に基づくものです。日本では国内産の食品は概して高価なので、生産額ベースで食料自給率を計算すると、カロリーベースよりも高い数字となります（２０１８年度現在では66%）。

3 近郊の街はなぜ若い人が多い？（人の数と移動の地理学）

日本一若い街に住む

いきなり私事で恐縮ですが、２０１6年から２０１7年に至るおよそ1年間、愛知県長久手市に住んでいました。名古屋市のすぐ東にある郊外地域ですが、特段に有名なものはありません。強いて言えば、天下取り終盤の豊臣秀吉とそれを阻止しようとした徳川家康が衝突した「小牧・長久手の戦い」（１５８４年）の古戦場がある場所、あるいは２００５年に開かれた「愛・地球博」（愛知万博）のメイン会場が置かれた場所、というくらいでしょうか。しかし、この地味な郊外都市は、あることで日本一になったのです。

それは、住民の平均年齢の若さです。２０１５年の国勢調査によると、同市の住民の平均年齢は38・6歳でした。全国平均が46・4歳ですから、7歳以上も違います。たまたま、職場が隣の日進市（ここも同様に平均年齢の若い街です）にあり、通勤に便利であったということが居住を決めた理由でしたが、思わぬ形で、日本一若い街の様子を目の当たりにする機会に恵まれました。

長久手市内には、なだらかな丘陵を造成して造られた真新しい住宅団地があちこちに存在しています（図１－９）。今なお開発が進められており、平均年齢が若いだけでなく人口が増えていることがよくわかります。２０１６年、区画整理の済んだ地区にイオンモール長久手という大規模なショッピングセンターがオープンしました。休日になると、家族連れで大賑わいです。フードコートに設けられた遊具のあるスペースは黒山の人だかりで、当時２歳だった息子を遊ばせるのが少し恐ろしく、躊躇したほどでした。市役所は、まだ人口が少なかった頃のままで、かなり手狭です。プレハブの新棟をこしらえるなどして、急激な人口増加にやっとの思いで対応しているようでした。

図1-9　長久手市の新興住宅地
（2016.8　愛知県長久手市）

その後私は、長久手市を離れ北隣の瀬戸市に転居しました。できることなら、職場からも近く名古屋へのアクセスにも優れた長久手市に住み続けたかったところです。しかし、土地を見繕って家を建てようとすると、もはや長久手市の土地は容易には手の届かない値段になっていました。不動産屋さんは、「人気が特に高まっているからね。遅れて来た土地バブルだよ」と言っていました。そこで、都心から若干離れるものの自然環境に優れた瀬戸市に焦点をあて、手の届く土地を探すことにしたのです。住み始めて市報が届くと、それまでとは違う、ある部分の記載に目を奪われました。人口動向の欄が、来る月も来る月もマイナスなのです。そう、瀬戸市は、長久手市とは真逆の人口減少地域だったのです。

このように、わずかに地域がずれるだけで、人口変化のありさまが大きく変わることがあります。なぜ、長久手市では人口が増加し、日本一若い街となったのでしょうか。この節では、このような人の増減の地域差や、それがもたらす年齢構成の変化といった、人口に関わる様々な問題を地理学的な視点で眺めてみることにしましょう。

超普遍種であるヒト

当たり前の話ですが、世界中に人が住んでいます。しかし、生物としては決して当たり前のことではありません。生物学では、特定の地域にだけ住む生物を固有種、広範な地域に住む生物を普遍種と言いますが、ヒト（*Homo sapiens*）は、アフリカの固有種だったものが10万年という短期間に世界中に拡散し、一気に普遍種になったという特異な種族なのです。さらに言えば、南極を除く全大陸と一定の大きさを持つほとんどの島嶼に住んでいるという筋金入りの普遍種です。大型の生物でこれほど普遍的な分布を見せているものはありません。この広い人の居住地を、地理学では**エクメーネ**と呼びます。

とはいえ、陸地にあまねく人が住んでいるというわけではありません。エクメーネは全陸地の9割に達しますが、残る1割には定住していません。こうした場所は、**アネクメーネ**と呼びます。具体的には、食料を調達したり健康を維持したりすることが困難な、極端な寒冷地や乾燥地、雪氷に閉ざされた高山などが相当します。人は、被服や住居を発達させるとともに、先の節で見たように輸送網を築き上げることで、ある程度は自ら快適な環境を作り出せるようになりましたが、完全ではないのです。アネクメーネの存在は、人も環境の従属下にある一個の生物種であることを実感させてくれます。

世界における人の分布を見るうえで、もう一つ注目すべきは、その密度に濃淡があることです。つまり、エクメーネにはどこも同じだけの人が住んでいるのではありません。例えば、東・東南・南アジア——具体的には日本・中国・韓国・フィリピン・インドネシア・バングラデシュ・インドなど——には、1平方キロメートルあたり何千人、何万人という人が住んでおり、ヨーロッパ地域もそれに次ぐ人口稠密地帯です。その一方で、中央アジア、南北アメリカ大陸の内陸部などは、1平方キロメートルあたり数人から数十人しか見られない人口希薄地帯が広がっています。2019年現在の世界人口はおよそ75億人程度と推計されていますが、そのうちの8割が全陸地の一割に住む、と言われています。

人口密度の高いところは、概して食料の生産性の高いところです。年間を通して繰り返し食料が生産できる、あるいは単位面積あたりの収量が多い場所では、それだけ多くの人を養うことができます。気候区分で見ると、適度な気温と降水量のある、温帯から亜熱帯にかけての湿潤地が該当します。こうした場所では、農業の発達とともに飛躍的に人口が増加したと考えられます。

この理論でいくと、熱帯湿潤地帯（熱帯雨林の成立する地域）は、地球上で最も植物の生産性が高い場所なので、さらに人口密度が高くなってもよさそうに思えます。しかし、多くの地域ではそうなっていません。それは、熱帯地域では、わざわざ作物を栽培しなくても恒常的に食料を得られるので、農業があまり発達しなかったからです。また、第２節で見たように、熱帯雨林地域は基本的に腐植土層が薄く、その下にはラテライト（ラトソルとも）と呼ばれる作物栽培に不向きな痩せた土壌が広がっていることも関係しています。農業が発達せず、自然から得られる食料で養える人口に止（とど）まったのは、寒冷地や乾燥地だけではないのです。

米粒のとんちと人口爆発

節の冒頭で豊臣秀吉を出したついでに、その家臣の話をしてみましょう。秀吉は、御伽衆と呼ばれる面白い話やためになる話をして仕える家来を多数召し抱えていました。その中に、曽呂利新左衛門という、とんち者がおりました。秀吉が「わしは顔が猿に似ているのが悩みだ」とこぼすと、「いいや、猿のほうが殿を慕って似せているのです」と見事に返すような、切れる頭の持ち主でした。

あるとき、秀吉は新左衛門に褒美をとらせることにしました。「何でも好きなものを所望せよ」と話すと、彼はこう言ったそうです。「米粒で結構です。今日は1粒、明日は倍の2粒、明後日はその倍の4粒……といった具合に、ひと月続けてください」。「何だ、そんなものでよいのか。欲のない奴め」と秀吉はあっさり承諾しました。ところが、何日かすると秀吉は困り顔になります。皆さんも電卓などで計算してみてください。ひと月（30日と仮定）後に新左衛門が貰う米粒の数は、つまりは2の29乗ですから、およそ5・4億。重さにして10トンを超える米は、秀吉軍の持つ豊富な備蓄米をかき集めても足りません。新左衛門を呼びつけて「困った、困った。何とか別のものにしてくれ」と懇願したそうです。

このお話の米粒を、アメーバのような単細胞生物に置き換えてみましょう。仮に1日に1回分裂すると考えると、最初はゆっくりしか増えませんが、途中から途端に激増するようになります。つまり、生物というものは、新左衛門が所望した方法で米粒が増えるように、2、4、8、16、32、64……と指数関数的に増えていくものと考えられます。細胞分裂ではなく子どもを産んで殖える生物も、「ネズミ算」を思い起こせばわかるように、基本的には同じことです。つまり、人も生物種である以上、それを養うだけの資源がある限りは同じように増えていくことになります（図1－10）。

国連の示すデータに基づいて、実際の例を見てみましょう。人が農業を開始したおよそ1

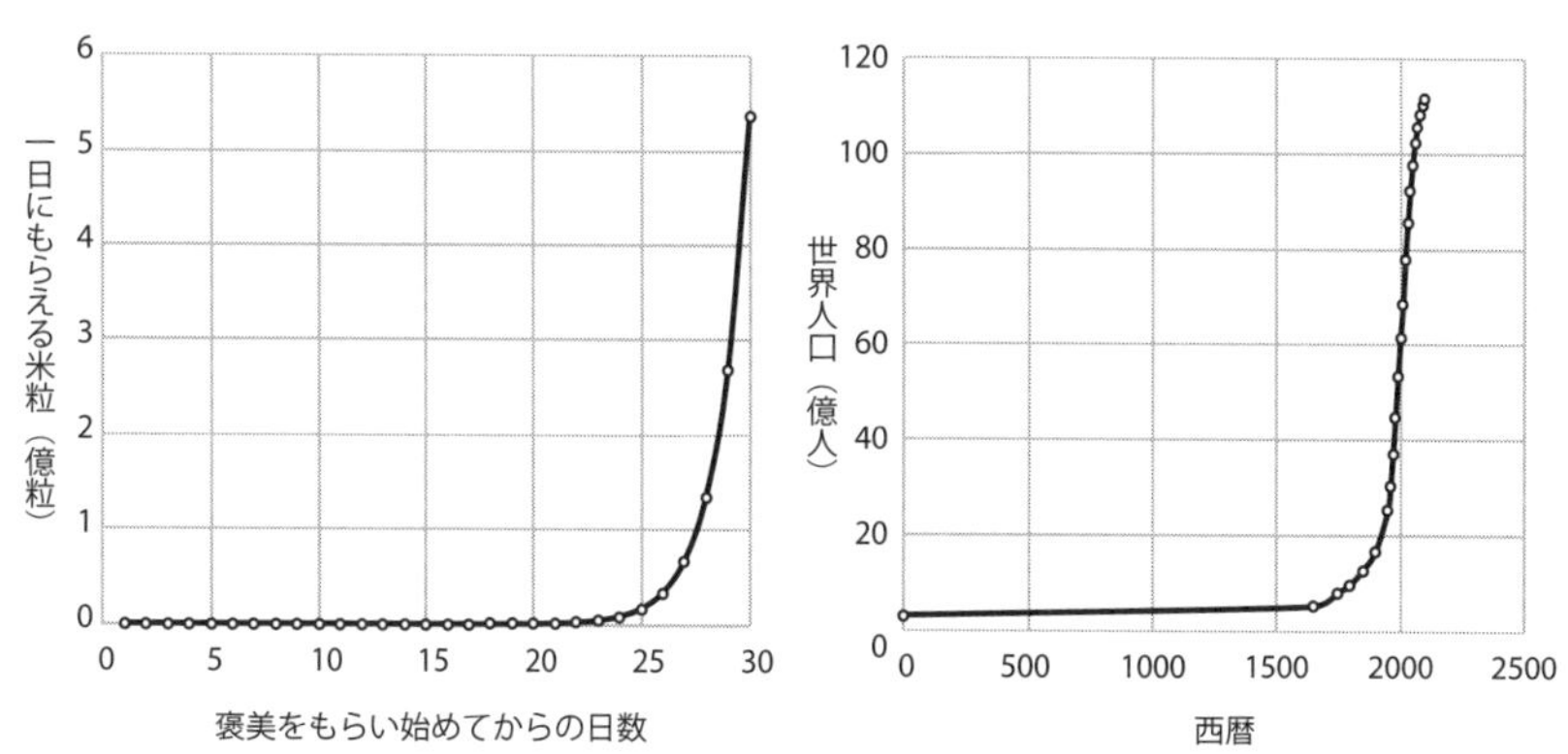

図1-10　新左衛門がもらう米粒の数の推移と西暦元年からの世界人口（推計）の推移

世界人口データ：国立社会保障・人口問題研究所『人口統計資料集2018年版』。幅のある数値（西暦元年～1900年）は中央値とした。予測値を含む。

万年前、世界の人口は５００万（０・０５億）ほどしかありませんでした。現在の東京都の人口の半分以下です。その後、キリスト誕生の頃（およそ２０００年前）までに３億人、１６５０年までに５億人、１８００年までに10億人と加速度的に増加してゆきます。そして、その後たった２００年で７倍（70億人）になったのです。さらに人口は増加を続け、２０６０年頃には１００億人以上となると推測されています。このような、世界人口の激烈な増加を**人口爆発**と言います。

マルサスの予見したこと

この人口爆発とその結果起こる問題について、18世紀末にすでに懸念を示した人物がいました。イギリスの経済学者**マルサス**（１７６６－１８３４）です。彼は、１７９８年に著した『人口論』の中で、「人口は等比級数的（指数関数的）に増加するが、食料生産は算術級数的にしか増加しないので、いつかは食料不足が起こるだろう」と記しました。人口は、先に見たように2、4、8、16、32……というように増えるけれども、食料生産は、2、4、6、8、10……のようにしか増えないから追い付かないよ、と言うのです。

この予測は半ば当たり、半ば外れました。人口爆発は先に述べた通りですが、食料生産については、その後、品種改良や化学肥料の普及が飛躍的に進んだため、今のところ世界的に見れば人口増加に追い付いています。逆に言えば、食料生産の飛躍的な増加が、人口爆発を「可能にした」わけです。しかし、地球上の土地は有限なので、やはりいつかは限界が来るでしょう。さらに現代社会では、食料と同時にエネルギーも人口を支える重要な基盤ですが、大半を地下資源に頼っている現状では、やはり有限と言えます。人口増加がすべての環境問題の根源という見方があるように、人の生活によってかかる環境への負荷は増える一方です。

このようなことを踏まえ、世界中から各界の識者が集まって作られたローマクラブという団体が、1972年、**『成長の限界』**という文書を発表しました。その内容は、次の一節に集約されています。「世界人口、工業化、汚染、食料生産、および資源の使用の現在の成長率が不変のまま続くならば、来るべき一〇〇年以内に地球上の成長は限界点に到達するであろう。もっとも起こる見込みの強い結末は人口と工業力のかなり突然の、制御不可能な減少であろう」（大来佐武郎監訳『成長の限界―ローマ・クラブ「人類の危機」レポート』ダイヤモンド社)。

この不吉なシナリオを、実際に経験したことで注目される島があります。それは南太平洋、チリ沖に浮かぶイースター島です。モアイ像で知られるこの島には、ポリネシア系の人々が、早い説では4～5世紀頃に渡来し住み着いたと考えられています。彼らはサツマイモ等の栽培を行いながら生活を続け、しばらくしてモアイ像を作るようになります。モアイ像を作るには、大量の木材が必要でした。したがって、モアイ像を作れば作るほど、森林資源は枯渇してゆきます。森林にあった豊かな表土は流亡し、土地は痩せ衰えました。一方、それまでに島の人口はかなり増えていました。結果として、食料や資源の欠乏が起こるようになります。そして、その奪い合いから部族抗争が発生しました。こうして、モアイ像を作るほどに発達した文明は衰退し、人口も大きく減じてしまいました。18世紀に入って到達したヨーロッパ人は、粗末な小屋で原始的な生活をしている島民の姿を見て、どうみても立派なモアイ像を作った人たちとは思えなかったと書き記しています。

間違ってはならないのは、『成長の限界』は、恐ろしい未来を描き、人々を恐怖に陥れることを目的にした文書ではないということです。そうならないための処方箋も示しています。具体的には出生数の適正化、天然資源の節約、持続的な食料生産手法の検討といったものです。考えてみれば当たり前のことですが、急速な人口増加が起こるから限界を突き破って破滅的な結末を読んでしまうのです。しかし、人はそうならないように、その限界を見極める知恵を持っていますよね。新左衛門に、「私たち人類は、地球の資源をどうコントロールすればいいのでしょうか」と聞いたなら、「違いますよ。地球に受け入れてもらうように、人類が自らをどうコントロールするかということなんですよ」と答えるかもしれません。

若い国と年寄りの国

ここまで、世界の人口が急速に増えていることを眺めてきました。しかし、それは世界で一律に起こっているのではありません。ある国の時代を追った人口変化を調べてみると、経済発達の状況に応じて、おおよそ決まったパターンでの推移が見られます（図1－11）。それは、出生数と死亡数のバランスが変化することによって起こるもので、地理学では、**人口転換モデル**と呼んでいます。なお、出生数が死亡数を上回って人口が増える状況を**自然増**と呼び、その逆を**自然減**と呼びます。

経済発達の初期段階にある社会では、「多産多死型」と呼ばれる状況が見られます。つまり、出生数と死亡数がどちらも多い状態でつり合っていて、人口の伸び（自然増）があまり見られない状態です。出生数が多い背景としては、子どもが労働力とみなされること、避妊の知識が行き渡っていないことなどがあります。前者については、日本でも戦時に「産めよ殖やせよ」などという標語がありましたね。一方、死亡数が多い背景としては、医療技術が不十分なため、ちょっとしたケガや病気で亡くなってしまう人が多いことが挙げら

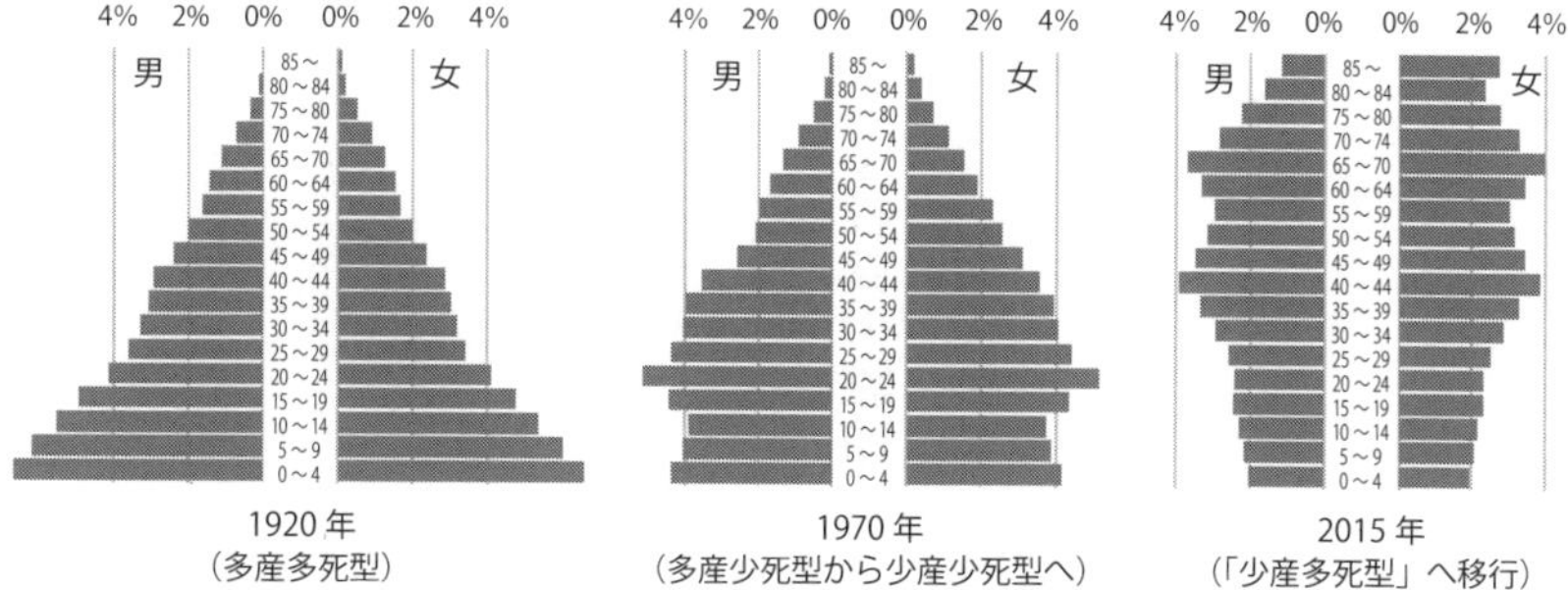

図1-11　日本における1920年、1970年、2015年の人口ピラミッド
データ：総務省統計局『平成27年国勢調査人口等基本集計結果』。横軸は、各時代の全人口に対する割合。

れます。子どもの死亡率も高く、結果、出生数が多くなるという循環もあります。この社会では平均寿命は低く抑えられ、平均年齢は若い状態が維持されます。戦前の日本や、現在の多くのアジア・アフリカ諸国がこの状態と言えます。こうした社会における人口構成を人口ピラミッドと呼ばれるグラフにしてみると、若い人ほど多い富士山型となります。

　経済発達が進み、医療技術も伴ってくると、死亡数は減ってきます。他方、社会の状況はすぐに変わらず、出生数が多い状態は続きます。この段階を「多産少子型」と呼びます。出生数が死亡数を上回るので人口は急激に増加するようになり、平均年齢も少しずつ上がってゆきます。この段階は、高度経済成長期の日本や、現在のインド・

インドネシア・ブラジルなど新興の工業国などが相当します。人口ピラミッドは、中年層が増えるので真ん中が太り、釣り鐘型になります。

経済が成熟すると、避妊知識の普及、女性の社会進出に伴う晩婚化、教育費の高騰などによって出生数が抑えられる一方、医療技術がより発達して多くの人が長生きするようになります。すると、出生数と死亡数がどちらも少ない状態でつり合い、再び人口の伸びは停滞するようになります。平均年齢は、さらに上昇してゆきます。この段階を「少産少死型」と呼びます。現在の日本を含む多くの先進国が、この段階にあります。人口ピラミッドは、中央（中年層）が最も横に膨らみ、上下（高年層と若年層）がすぼまる壺のような形になります。

人が減る社会の課題

従来の人口転換モデルでは、先に挙げたような三つの段階を想定し、地域や時代を位置付けてきました。ところが、現在はさらにその先の段階があると考えられるようになってきました。それは「少産多死」の段階です。

人の寿命には限りがあるため、いくら医療技術が進歩してもその限界を超えて生存することはできません。したがって、「少産少死」の状態がしばらく続くと、その社会はお年寄りが多くなり、ついには死亡数が出生数を上回る、「少産多死」すなわち人口減の社会に突入することになるのです。

現代の日本は、まさにその状態にあります。国勢調査のデータに基づくと、２０１５年の調査において、１９２０年の調査開始以来、初めて人口減が見られました。２０１０年の前回調査と比べて、およそ96万人の減少が確認されたのです。後からお話しするように、基本的に日本は社会増減（国の外に人が出て行ったり、入ったりする）が極めて少ない国なので、これは自然減によるものと考えるのが妥当でしょう。

経済が成熟した社会では、子どもや若い人の数が少なく、お年寄りの多くなる**少子高齢化**が往々にして問題となっています。生産人口と呼ばれる、主要な働き手となる人たちの数（統計上は15～64歳とされる）が減るために経済成長が難しくなるからです。現在は、元気なお年寄りも多く、多くの会社では定年が引き上げられ、また、定年後も働けるような制度を整えています。こうした状況もあって、現在はそこまで深刻化はしていません。しかし、「少産多死」の社会になれば、社会全体がしぼむので、これまで通りでは労働人口が減ることは避けられません。そこで、「人口をあまり減らさないようにするにはどうしたらよいか」「減った労働人口をどう埋め合わせるか」、さらには「上手に社会をしぼませるためにはどうしたらよいか」といった議論が活発になっています。前者二つについては、後ほど移民や過疎の問題と絡めてお話ししましょう。「しぼませ方」については、第3章で議論を深めてみます。

ところで、少子高齢化社会の問題は、ほかにもあります。まず、働くことが難しいお年寄りを、社会がどう経済的に支援するのかという問題です。つまりは**年金**の問題ですが、日本では基本的に、働いている世代から集めたお金を、お年寄りの方に渡す「賦課方式」という方法をとっています（対して、自分が働いたお金を運用して将来の自分に渡す積み立て方式と呼ばれるものもある）。ですから、お年寄りの割合が増えることで、現役世代の負担を増やすか、お年寄りに配分されるお金を減らすか、あるいはその両方をしなくてはならないという問題が生じるのです。また、お年寄りが増えると医療費が増大し、その多くを国が負担する制度のある日本では、財政の圧迫が過大となっています。

この問題は、今後ますます深刻化することが懸念されます。内閣府の『高齢社会白書』によると、２０１７年現在65歳以上のお年寄りは、日本の人口の約27％ですが、２０５０年を超す頃には、40％近くまで上昇すると推測されています。ただし、「少産多死」がしばらく続くと、少なく生まれてきた子どもが、年を重ねてお年寄りになるため、お年寄りの「数」はいずれ少なくなっていくと考えられています。

社会増減と移民

ここまで、出生数と死亡数のバランスから、人口の増減を考えてきました。ほかの星に移住したり、宇宙人がやってきたりというのでない限り、世界人口についてはこれで十分です。ところが、各地域の人口の変化には、出生数と死亡数のほかに、地域に移り住む人の数（転入数）と地域から出ていく人の数（転出数）のバランスも関係してきます。転入数が転出数を上回ることは**社会増**、その逆は**社会減**と言います。第1節で見たように、交通機関が発達し、見かけ上世界空間が縮んでいる現代は、人の移動が非常に活発です。したがって、人口増減とその問題を考えるときには、社会増減についても十分に検討しておかなければなりません。

国境を越えて移住した人を、**移民**と呼びます。主には、仕事を求めて国境をまたぐ人々を指しますが、短期的な出稼ぎ者は含めません。長期間、その土地に腰を落ち着けて生活をする人々ですから、移住先の人口としてカウントされます。

日本が南蛮貿易をしていた16世紀、日本人は東南アジアに進出し、あちこちに**日本町**を形成したことはよく知られています。有名どころとしては、タイのアユタヤにできた日本町があります。そこを拠点に活動した移民の中には、山田長政のように、当時あった王朝の中枢で権力を握るような人も出ました。江戸時代に入ると、鎖国政策のために移民は途絶え、日本町も消滅してしまいます。しかし、幕末から戦前にかけて再び移民が活発になります。今度は、ハワイ・アメリカ本土・ブラジルやペルーといった南米が主な移民先となり、そこには現在も多くの子孫（日系人）が生活しています。米国のハワイ州には、２０１４年現在１４０万人ほどの人口がありますが、このうち、混血を含む日系人は約30万人で、全体の20％以上を占めています。こうした日系人の中には、ペルーのフジモリ元大統領、米国で宇宙飛行士になったエリソン・オニヅカ氏のように、各界で活躍した人もいます。

中華圏（現在の中国や台湾）の人々も、昔から各地に進出しました。中華圏にルーツを持つ人は、**華人**（移住先の国籍のみ持つ人）・**華僑**（もともとの国籍を持ったまま移住した人）と呼ばれます（※）。東南アジアの島国・シンガポールでは、国民の7割以上が華人です。日本でも華人や華僑は多く（２０１９年6月現在、中国・台湾国籍の在留者は約85万人）、そうした人々の集まる地区として横浜や神戸、長崎の中華街は有名です（図1－12）。

移民は、文化・習慣を同じくする出身地ごとに集まって住む傾向があります。それまでの生活を大きく変えずに、助け合って暮らすことができるからです。先にお話ししたアユタヤの日本町もそうしたものの一つです。厳密には移民ではありませんが、川崎には沖縄出身者が集まる街（鶴見の沖縄タウン）があります。沖縄は、日本本土とはやや異なる文化・習慣を持つ地域なので、やはり同郷者が集まって住むようになったのです。中華街というと、現在では観光地のイメージが強いですが、本来はこうした助け合いのコミュニティなのです。

新大陸と呼ばれる南北アメリカ大陸やオーストラリア大陸とその周辺にある国々は、もともと居住していた人々（先住民）はいるものの、ヨーロッパ世界に知られるようになってから、多くの人たちが移民として移住し（アフリカ大陸から奴隷として連れてこられた人々もいますが）、国が成立しました。ルーツをたどれば人口の大部分が移民であり、アメリカ・カナダ・オーストラリアなどはまさに「移民の国」と言えるでしょう。

図1-12　長崎の興福寺（2012.9　長崎県長崎市）
1623年に創建された日本で最初の唐寺（黄檗宗）。中華街周辺には、中国から移り住んだ人々の信仰の拠り所として、こうした唐寺や道観（漢民族の民族宗教である道教の寺院）が造られていることが多い。

※華人・華僑の定義はゆらぎがあり、国籍の状況にかかわらず中華圏にルーツを持つ住民をまとめて華人と呼ぶ場合もあります。

移民受け入れの問題

現在も移民は絶え間なく行われているので、国外出身者が多数を占める国も多くあります。経済協力開発機構（ＯＥＣＤ）の統計によると、ルクセンブルクでは、実に人口の45・３％が外国生まれです（２０１５年現在）。これは特殊な例としても、ニュージーランド・オーストラリア・カナダでは20％以上、イギリス・ドイツ・フランス・スペインをはじめとした多くのヨーロッパの国々や米国も10％以上が外国生まれです。こうした国々では、その国に生まれた人が海外に移住する例もありますが、外から移住する人が多い傾向にあります。すなわち、社会増が見られます。特にドイツは、１９７０年代から長らく自然減が続いている一方で、その分を埋め合わせてあり余る移民を受け入れているため、ゆるやかな人口増加が続いているという国です。

こうした国々では、移民はありふれた存在で、重要な労働力としても認知されています。その一方で、移民が増えると、もともとの国民の働き口が奪われてしまうのではないか、あるいは文化的な摩擦が起こるのではないか、と危惧もされています。そのような声を反映して、米国のトランプ大統領が移民制限の政策を行っていることはよく報道されていますし（２０２０年現在）、イギリスがＥＵを離脱することとなった背景の一つにも、加盟したままだと流入する移民を制限できないことがあります。

日本はどうでしょうか。先に触れたように、日本には海外へ集団的な移民政策を行った歴史はありますが、その逆に日本が多くの移民を受け入れたことはありません。政府の統計によると、２０１９年６月末現在で約２８３万人の在留外国人（≒移民）がいますが、全人口の２％程度でしかありません。これまで、日本政府は移民の受け入れに消極的で、受け入れる人を高度な技能を持つ人、日本にルーツのある人、技能実習生などに限っていたのです。

しかし、それも転換期を迎えているようです。２０１８年末には、「移民法」とも呼ばれる出入国管理法の改正が行われました。その内容は、新たな在留資格を設け、農業や建設業といった、これまで受け入れてこなかった分野で移民を受け入れようというものです。その背景には、先にお話しした人口減少社会・少子高齢化社会への突入があります。ずばり、労働人口の自然減を社会増で補おうという趣旨と言えます。様々な問題を抱えていますが、今後、日本でも徐々に移民が増えるかもしれません。

難民とは何か？

国境をまたぐ人の移動の一つとして、**難民**についても触れておきましょう。移民が、経済的事情を背景として、自らすすんで移住しようとする人たちであるのに対し、難民は、戦争・紛争を回避し、また、政治信条や宗教などを理由とする迫害から逃れるため、やむにやまれず国を脱出する人たちを言います。

難民の支援を行う国連難民高等弁務官事務所（ＵＮＨＣＲ）の統計によると、２０１８年現在、世界で難民は２５９０万人います。その数は、東京都の人口およそ2倍です。これは、あくまで国境を越えて逃れた人たちの数で、国内で移住を余儀なくされた人や、庇護を申請している人を含めると、７０８０万人にのぼると言います。75億人という世界人口から見ると、わずかな人数に過ぎないと考えてしまいがちですが、ＵＮＨＣＲが示すように「１０８人に1人が移動を強いられている」と考えると深刻な問題であることがわかります。

２０１８年現在、こうした難民を最も受け入れている国はトルコで、その数は約３７０万人です。この大部分はシリアから移動してきた人で、アサド政権に対する反政府運動から始まった内戦や、その後のＩＳ（イスラム国）の台頭などによる政情不安がその背景にあります。また、アジアではミャンマーにおいて、ロヒンギャと呼ばれるイスラム教徒が迫害を受け、隣接するバングラデシュに移動しようとする問題も起きています。

過疎と過密のあいだ

移民や難民のように、国境を越えて人が移動して起こる国レベルの人口増減がある一方で、国内の人の移動が、地域レベルで人口変化・世代構成の変化を引き起こすことも知られています。

一つの国の中の人口の移動を見ると、一般に、地方から中央へ、農山漁村から都市へ流れます。詳しくは第６節で紹介しますが、都市には働き口が多く、生活の利便性や文化的な魅力度も高いからです。輸送機関と経済の発達に伴って、この移動は加速化します。なぜなら、経済の発達は、社会の工業化・商業化を伴うことが一般的であり、それらの産業は都市を中心に展開するからです。わかりやすく言えば、農林漁業を行うよりも、都市に増えた安定して実入りのよい企業に勤めよう、という人が増えるのです。都市でも、地方都市は魅力が中途半端なため、各地方の中心をなす都市（中心都市）において一層その傾向が強まります。こうして都市、特に中心都市はどんどんと**過密**化してゆきます。平均年齢も、若者の流入によって低い状態が維持されます。

しかし、すべての人が都市に出てしまうのではありません。日本のように家意識が強い社会では、長男は在所に留まって家を継ぎ、伝来の田畑を守ることが、かつては多くありました。しかし、家意識が薄れてくると、積極的に働き口を探す必要がないお年寄りだけが農山漁村に残されるという状況が生まれました。もちろん、魅力的で住みやすい都市に移動することもできるのですが、住み慣れた家とコミュニティから積極的に離れる例はあまり多くありません。このようにして、農山漁村はどんどんと**過疎**化し、そして高齢化してゆくのです。

以上見たように、都市では社会増が、農山漁村では社会減が起こります。先に見た、人口転換モデルにおける「若い国」と「年寄りの国」の違いをもたらすものは自然増減でしたが、一つの国の中の「若い地域」と「年寄りの地域」の違いは、主には社会増減がもたらしたものと言えます。しかし、この社会増減を増幅するように、自然増減の作用が働いていることにも注意が必要です。都市では、若者が多いので子どもが多く生まれます。一方で、農山漁村ではお年寄りが多いので、亡くなる方が多くなります。つまり、都市の人口増加（過密化）は、社会増を自然増が増幅することで、農山漁村の人口減（過疎化）は、社会減を自然減が増幅することで起こるのです。

なぜ日本一若い街なのか

以上を踏まえて、冒頭の疑問を解き明かしてゆきましょう。なぜ、愛知県長久手市は人口が増加するとともに、日本一若い街になったのでしょうか。またなぜ、瀬戸市はそうならなかったのでしょうか。

まず、両市の年齢構成を、全国平均（日本全体の状況）と比較しながら眺めてみます（図1－13）。先にお話ししたように、全国平均の人口ピラミッドは、高年層が多いつぼ型をしています。細かく見れば、フタコブラクダのように、60代後半と40代前半にピークがありますが、これは2回の**ベビーブーム**によるもの（団塊世代と団塊ジュニア）です。瀬戸市のピラミッドの形は、おおよそでこの日本全体と似ています。

一方で、長久手市のグラフは日本全体や瀬戸市と大きく異なっています。辛うじてフタコブラクダの形ですが、団塊世代はあまり目立たず、全国平均よりかなり割合が小さくなっています。団塊世代に限らず、50代以降のすべての年齢階級で同様の傾向にあります。逆に、団塊ジュニアより若い世代は、すべて全国平均より割合が多くなっています。特に数が多くなっているのが、0歳から9歳、15歳から24歳、30歳から44歳の三つの世代です。これらの世代はなぜ多いのか、以下で理由を考えてみましょう。

長久手市は中部地方の中心都市・名古屋市に隣接しています。一方で、市の東は、自動車産業で知られる豊田市と境を接しています。つまり、これら多くの働き口のある都市の

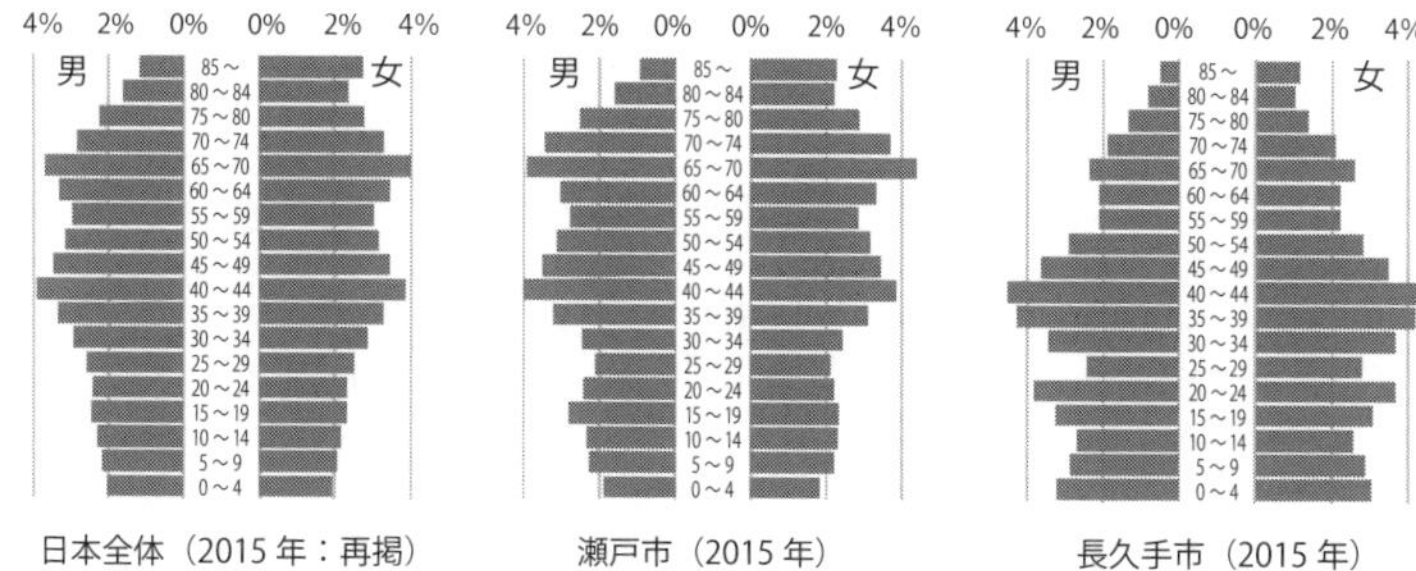

図1-13　2015年における日本・瀬戸市・長久手市の人口ピラミッド
データ：総務省統計局および愛知県統計課『平成27年国勢調査人口等基本集計結果』。日本は再掲。横軸は、各時代の全人口に対する割合。

間に位置し、鉄道や道路で容易にアクセスできます。名古屋市内はすでに住宅で埋め尽くされ、新しく開発する余地はほとんどありませんが、長久手市には開発の余地のある広い土地があります。さらに、都心から離れるので、土地の値段（賃貸の場合は家賃）も多少安くなります。これらの条件のもと、名古屋や豊田で働く比較的若い人たちが、次々と長久手に住まいを持つようになりました。これが、30歳から44歳の世代です。

もともと農村地帯だった長久手市は、さほど人口の多い地域ではありませんでした。それが、上記の理由で急速に都市化し、２０１５年には四半世紀前（１９９０年）と比べて１・７倍のおよそ５万７５００人にまで人口が増えています。つまり、都市化前に住んでいた人々の割合が相対的に引き下げられた結果、高年層は目立たなくなったのです。

単身世帯は狭い賃貸住宅でもよいでしょう。しかし、所帯を持つとなると、広い一戸建てやマンションが欲しくなります。広い土地が比較的安価に手に入る長久手市は、このような住宅の立地として最適でした。つまり、流入した人口の多くは所帯持ちであり、子育て世代でもありました。小さな子ども連れで転居してくることもあるでしょうし、転居後にも子どもが生まれます。これが、0歳から9歳の世代です。市の統計によると、長久手市では2015年に749人の赤ん坊が生まれています。対して亡くなる方は少なく、298人でした。このように、社会増に連動して自然増も起こっているのです。

それでは、その間にある15歳から24歳の世代の突出は何を意味しているのでしょうか。これは、大学生であると推測されます。1970年代頃から、広いキャンパスを求めて、全国的な大学の郊外移転ブームが起こりました。中京圏でも例外なく、長久手市を含む名古屋市の東の丘陵地には数々の大学が移ってきました。愛知県立大学・愛知県立芸術大学・名古屋外国語大学・愛知医科大学・名古屋商業大学……、私の勤務する愛知学院大学もその一つです。これらの大学の学生が市内に多く居住することで、このピークを作り出しているのでしょう。長久手市に似た、都市郊外に位置し、多くの人口を流入させている街は多くありますが、その中で最も若い街となったのは、これらの大学の学生が一役買っているのかもしれません。

　ところで、２０１５年の国勢調査に従って、長久手市に続く平均年齢の若い街を見てみると、次の通りになります。全国2位：福岡県新宮町（39・1歳）、3位：沖縄県豊見城市（39・6歳）、4位：福岡県粕屋町（39・7歳）、5位：沖縄県南風原町（39・9歳）、6位：滋賀県栗東市（40・0歳）……。新宮町と粕屋町は福岡市と、豊見城市と南風原町は那覇市と、栗東市は京阪神都心部と、それぞれ地域の中心である大きな街の周囲に位置しています。つまるところ、いずれも長久手市と同様な状況にあると考えられます。沖縄県が多く入っているのは、県の出生率が全国で最も高いことと関係がありそうです（Q＆Aを参照してください）。

　さて、転居先の瀬戸市も名古屋・豊田の両市と隣接し、鉄道・道路で繋がってはいますが、両市の中心地までは距離があります。窯業で有名な中心市街地のほかに、高度成長期に開発された住宅団地が所々ありますが、市域の大部分は広く山林に覆われています。過疎地とするのは極端ですが、市街化が急速に進んだ長久手市とは事情がかなり異なっているようです。「せとで住もまい！」（「～まい」は尾張地方の方言で、「～しよう」という意味）という空き家情報や補助金を紹介するウェブサイトを作って広報するなど、瀬戸市は人口減少をなんとか食い止めようと、いろいろな努力をしています。

○人は陸地の9割に住んでいるが、その分布には大きな偏りがある。それは、人を多く養える環境と、そうでない環境があるからである。

○世界人口は近年大きく増大し、人口爆発と呼ばれる状況となっている。このままでは、地球全体の環境収容力を超えてしまうので、そうなる前に人口をコントロールすることが求められている。

○自然増減に注目した人口転換モデルは、地域が経済発達する中で、多産多死から少産少死へ移行すると指摘するが、さらにその後、少産多死とも言える状況が生じると予測される。日本はこの段階に入ろうとしており、人口減少と少子高齢化が社会的な課題となっている。

○国境を越えた人の移動として移民や難民があるが、これが社会増減として国や地域の人口を左右する場合もある。また、現代社会は移民の受け入れに伴う様々な課題を抱えている。

○農山漁村から都市への人口移動は、一国の中で過疎と過密を生み出している。都市では自然増が、農山漁村では自然減が同時に起こるので、さらにその差は際立つ。

Q

「社会増（減）」はわかりますが、「自然増（減）」は違和感があります。どこからともなく子どもが湧いてくるわけはないのですから。

A

自然増（減）は、人の社会的活動ではなく、（子どもを産む一方で寿命もあるという）人の自然の特質に伴って人口が増える（減る）という意味です。英語でもnatural increase（decrease）と言いますが、日本語の「自然」には、「自然権」「自然環境」のように「もとからある」という意味のほかに「自然治癒」「自然乾燥」のように「ひとりでに」という意味があるので、たしかに違和感を覚える人はいるかもしれません。これは広く定着した用語ですが、そう考える人が多くなれば、用語が変わる可能性はあります。

Q

統計を見ると、日本では沖縄で最も自然増が多くなっているようです。なぜでしょうか？

A

2005年の『厚生労働白書』では、（1）他の都道府県と比較して、親族や地域のコミュニティの結び付きが強く、相互扶助の精神（沖縄の言葉で「ゆいまーる」と言う）が今でも残っていて子育てがしやすい、（2）男系子孫を重んじるという考えが強く残り、男児を産むまで出産を制限しない場合が多い、といった分析をしています。

質疑応答 Q&A

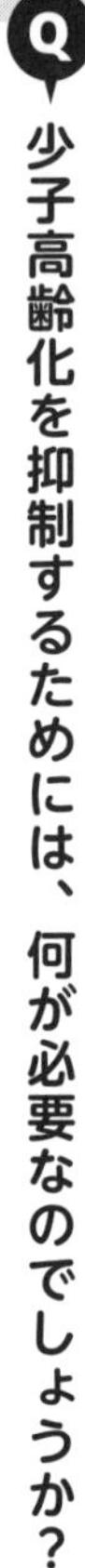

Q 少子高齢化を抑制するためには、何が必要なのでしょうか？

A 「姥捨て山」のようにお年寄りの数を減らすことはもちろんできませんので、生まれてくる子どもの数を増やす政策が中心になります。すなわち、女性が妊娠出産によってキャリアを諦めなくてよいようにしたり（出産休暇・育児休暇制度、保育所等の充実）、出産育児にかかる費用を低減あるいは補助したり（出産一時金・児童手当、保育や教育の無償化）、といったことはすでに日本で行われています。しかし、待機児童問題のように不十分なところがありますので、こうした部分を改善することが重要でしょう。また、これまでの日本の社会では、女性（母親）が子育てにかかる負担を一手に引き受けることが一般的だったので、男性（父親）が子育てに積極的に参画するような機運と制度作りも必要でしょう。例えば、男性の育児休暇を取得しやすくする、ワークシェアリングを進め家庭へ割く時間をつくるといったことも大切でしょう。

Q 国勢調査では、2010年をピークに人口減少が見られているようですが、これは2011年の東日本大震災が関係しているのではないでしょうか？

A 確かに、東日本大震災では2万人近い方が犠牲になりましたが、一時的なものです。

これを契機として日本全体の人口が減少するようになったとは考えられません。たまたま、人口転換期に大きな自然災害が発生した、と考えるのが適切です。しかし、地域別に見ると、被災地の東北地方はもともと過疎化（人口減）の進んでいた地域が多く、被災を契機とした移転によって、一層の過疎化が進むようになったところもあります。

Q 日本が移民を受け入れることを躊躇する理由とは、具体的にどんなことでしょうか？

A 本文で触れたように、もとから日本にいる人が仕事を奪われる懸念がありますし、生活上のトラブルも危惧されています。外国人が多く住む地域では、ゴミの捨て方のルールが守られない、大人数が集まって生活音や話し声がうるさい、といったトラブルが実際にあると言います。しかし、そうしたこと以上に、日本のように移民をあまり受け入れてこなかった社会では、「言葉が通じない外国人が隣に住んでいると落ち着かない感じがする」「日本の習慣を知らない移民たちとうまくやっていけるのだろうか」という「なんとなくの不安」も大きいのではないかと思います。移民受け入れに当たっては、誰もが日本社会での常識や習慣を持っていることを前提とした社会ではなくなる、という点が最大の課題と言えるでしょう。日本が移民を受け入れるならば、この前提を捨てる覚悟が必要です。

Q 質疑応答 & A

Q

シリアやイランの難民がヨーロッパに流入していると聞きますが、彼らはどのような苦労をしているのでしょうか？

A

戦乱や迫害から逃れた先でも、生活が保障されるわけではありません。難民支援のための予算は限られているので、難民が増加すると財源が不足します。そこから、宿泊・食事といった最低限の生活さえ困難になる場合もあります。一方で、働いて賃金を得ようとしても、そもそも就労を認められなかったり、厳しく制限されたりしている場合もあります。さらに言葉の問題もあり、移動先の社会になじめず苦労する場合もあります。子どもの場合、教育の機会を逸することがある点も問題です。

日本では、難民の受け入れがほとんどないため、難民の実態がなかなか見えません。しかし、厳密には難民と言えないかもしれませんが、日本人が大量の避難民となり困窮した出来事があります。第二次大戦後に起こった、旧満州国からの引き上げです。このときの壮絶な苦労や苦悩は、例えば藤原ていが手記『流れる星は生きている』に克明に記しています。こうした手記を読んで、現代の難民の人々に思いを致すのも、私たちができる一つの支援と言えるでしょう。

Q

ベビーブームとは何ですか？

A

ベビーブームとは、ある時期に赤ん坊がたくさん生まれることです。自然増を押し上げて、人口増加に拍車をかける要因となります。日本では、戦後2回のベビーブームが起きています。第一次ベビーブームは、戦後すぐの数年間（1940年代後半）に起こりました。平和になり子育てしやすくなったこと、戦地から若い男性が復員して結婚が増えたことが原因とされます。このときに生まれた子どもたちを、団塊の世代と呼びます。第二次ベビーブームは1970年代前半に起こりました。これは、団塊の世代が結婚・出産する年齢になったことが背景にあります。このときに生まれた子どもたちは、団塊ジュニアと呼ばれます。この団塊ジュニアが結婚・出産期を迎える1990年代から2000年代に、第三次ベビーブームが起こるという予測もありましたが、結婚年齢が多様化し、また生む子どもの数を控える時代に入っていたため、実際には起こりませんでした。

多国語アナウンスが意味するものとは？（ダイバーシティの地理学）

人のダイバーシティ

最近、ダイバーシティという言葉がよく使われるようになりました。多様性という意味です。一口に人と言っても、様々な属性の人がいます。性別、国籍、出身地、障碍の有無……。どのような属性の人も、等しく活躍できるような社会を目指そうという流れの中で、この言葉は存在感を増してきました。

地理学では伝統的に、人のダイバーシティの中でも人種と民族に注目してきました。なぜなら、地理学が検討の対象とする「分布の偏り」を持って存在しているだけでなく、地域の特徴を理解する上でカギとなるからです。そこで、この節では、人種・民族というダイバーシティをどう理解すればよいのかを、また、それらに関わる社会の課題とはどんなことかを、眺めていくことにします。

人種とは何か？

まず、人種と民族の違いを確認しておきましょう。いずれも人類をいくつかのグループに分けるものですが、学問上、両者は厳密に区分されます。

人種（race）とは、生物学的特徴（形質）に基づく人類の区分です。わかりやすいところでは、肌・目・髪の色などが挙げられますが、必ずしも見た目の特徴とは限りません。病気への抵抗性といったものも形質です。これらは、遺伝子によって決まっています。こうした形質は、自然環境への適応の結果生まれたものと考えられています。例えば、褐色の肌という形質は、紫外線の強い地域において、肌を守るメラニン色素が多い個体が生存に有利であったために獲得されたものです。

古典的に人種は、肌の色に基づいて、黒人・白人・黄色人種などと区分されてきました。現在でも俗にこの呼称が通用しています。しかし、肌の色はあまたある形質の一つにすぎません。そこで、様々な特徴を総合して、**ネグロイド・コーカソイド・モンゴロイド・オーストラロイド**の四つに区分することが一般的になりました。それぞれ、分布域からアフリカ系・ヨーロッパ系・アジア系・オセアニア系と呼ばれることがあります。教科書にもこの区分が記載されていることが多いでしょう。

しかし、遺伝子解析の技術が使われるようになると、人種、すなわち「ヒトの系統」はこのように単純なものではないことがわかってきました。現在たどり着いている知見によると、人類の拡散ルートに従って、次のように分岐したと考えられています。まず、アフリカ大陸に留まったグループ（ネグロイド）と、外に進出したグループが分かれました。後者は、北のヨーロッパ周辺に移動したグループ（コーカソイド）と、東を目指したグループに分かれます。東を目指したグループは、南進してインド南部からスンダ列島を経て太平洋に向かったグループ（オーストラロイド）と、さらにユーラシア大陸を東に向かったグループに分かれました。最後に出てくるのがモンゴロイドですが、このグループはさらに二つの遺伝的な差異を持つ集団に分かれます。それは、アジア各地に拡散したグループ（狭義のモンゴロイド）と、ベーリング海峡を渡ってアメリカ大陸に進出したグループ（アメリンド）です。

各人種の分布には明瞭な境界がありません。二つの人種が隣り合う地域では、混血によって遺伝子がグラデーションのように変化している場合もあります。人種とは、遺伝子の偏りであって、明確にいくつかに分けられるものではないと理解すべきでしょう。ただし、人種に関わる社会的な事象を紹介するためには、便宜的にでも分けたほうが理解しやすいので、この本では先に紹介した四つの区分に基づいて話を進めます。

人種は、人の移動能力が限定されていた時代には、各地域にまとまって分布していましたが、大航海時代以降、様相は大きく変わります。例えば、南北アメリカ大陸には、それまでモンゴロイド（アメリンド）しか分布していませんでしたが、コーカソイドが進出し、最終的には多数を占めるようになりました。その後、奴隷貿易によってアフリカからネグロイドも連れてこられました。

現在、北アメリカ大陸では様々な人種が共存しています。この様子を、**人種のサラダボウル**と言うことがあります。一方、南アメリカ大陸では、人種間の混血が進んだため、**人種のるつぼ**（るつぼとは、合金を作るために使われる金属を溶かす容器）と呼ばれます。

オーストラリア大陸でも、もともとはオーストラロイドしか分布していませんでしたが、イギリスからコーカソイドが進出し、現在は多数を占めています。隣国のニュージーランドの先住民はモンゴロイド（オーストラロイドの遺伝子がいくらか含まれているともいわれる）ですが、やはり現在はコーカソイドが多数です。さらに、中央アジアからシベリアにおいても、モンゴロイドの分布域でしたが、ロシアの東方進出により、コーカソイドが多数の地域となりました。このように、ヨーロッパの世界進出によって、コーカソイドは一気に拡散したのです。

民族とは何か？

一方、**民族**（ethnic group）とは、文化的特徴に基づく人類の区分です。文化的特徴の具体例として、言語・宗教・生活習慣などが挙げられます。しかし、同じ民族であればそのすべてが同じというわけではありません。例えば、日本に住む人の多くは大和民族（和人）

と呼ばれますが、その中には仏教を信じる人もいれば、敬虔なキリスト教徒もいるでしょう。帰国子女で日本語が得意でない人もいるかもしれません。このように、ある人物がどの民族に属するのか、ということを客観的に決めるのは困難です。そこで、その人がどこに所属していると感じるのか（帰属意識・自認）がポイントであるという考えもあります。

人種とはまったく異なる概念ですから、この考え方に従えば次のような例もありえます。幼い頃から大和民族のもとで育てられた、遺伝的にはコーカソイドに区分される人が「私は大和民族だ」と感じるのであれば、大多数の大和民族と肌の色が違っても、大和民族なのです。なんとなく、こうした例に違和感を覚え、また、民族が人種の下位概念のように思えてしまうのは、かつて人種の分布が比較的まとまっていたからでしょう。地域ごとに共通した文化が生まれ、民族が形成されていく過程では、人種を超えた民族集団というものはほとんどなかったと思われます。しかし、現代においては、地域と人種の関係は曖昧になっているため、民族と人種は必ずしも関連付けられません。

ところで、民族を分けたとき、○○民族という呼称のほかに、○○人とか、○○族という呼称が使われることがあります。「人」と「族」を使い分ける明確な基準はありません。しかし、よく使われる例を見ると、ヨーロッパを中心に分布する民族には「人」が付けられる傾向にあり（ケルト人・スラブ人など）、アジア・アフリカに分布していたり、先住民だったりした場合は「族」が付けられる傾向があります（ツチ族・フツ族・シンハリ族・マオリ族など）。これは潜在的な差別意識の表れという意見もありますので、この本ではなるべく「民族」を用い、慣例で「民族」を付すことが一般的でない場合は、「人」に統一します。

人種差別問題はなぜ起こったか？

人種・民族ともに、ある基準に基づいて分けた人類のグループ、という以上の意味はありません。当然ながら人種間・民族間に優劣はありません。ところが歴史をたどると、あるはずのない優劣関係・上下関係がでっち上げられ、それに苦しんだ人が多くいました。人種間で起こるそのような問題は、**人種差別**と呼びます。

先に見たように、中世から近代にかけて、ヨーロッパ地域の技術的優位を背景に、コーカソイド（以下白人という）がネグロイドやモンゴロイド、オーストラロイド（以下、ネグロイドを黒人と言い、コーカソイド以外のすべての人種を有色人種という）のもともと住んでいた地域を支配するようになりました。支配するだけでなく、奴隷として人身売買まで行ったのです。これを正当化するために、「白人は優れた人種であるが、有色人種は劣った人種である。だから白人が有色人種をいいように支配することに問題はないのだ」という理論がでっち上げられました。確かに、ヨーロッパ地域には技術的優位がありましたが、たまたまそこが白人の卓越する地域だったに過ぎないにもかかわらずです。これを発端として、有色人種、特に黒人は長い間差別に苦しめられることになりました。

南アフリカ共和国は、国民の多くが黒人ですが、長い間少数の白人が政権を握っていた国です。その中で、１９４８年から１９９４年まで、**アパルトヘイト**と呼ばれる、差別意識に基づいた厳しい人種隔離政策が行われていました。白人と有色人種（黒人だけではない）の間で、居住地や教育は完全に分離され、人種を超えた恋愛や結婚も許されませんでした。さらに、有色人種は労働において低賃金を強いられ、選挙権のない地域もありました。日本人も大多数が有色人種ですから、南アフリカを訪れた際、本来は白人用の施設の使用はできませんでした。ただ、日本が同国に経済支援を行っている関係上、「名誉白人」としてそれらを使用できたと言います。１９９０年代に入り、海外からの圧力もあってようやく全国民が選挙権を持てるようになると、黒人であるネルソン・マンデラ氏（１９１８—２０１３）が大統領に選出されます。こうして、アパルトヘイトはやっと廃止されたのです。

米国でも、かつては人種差別に基づく法的、あるいは社会ルール上の差別がありました。これを解消すべく、１９５０年代から１９６０年代にかけて巻き起こったのが、**公民権運動**です。その旗手、マーチン・ルーサー・キング牧師（１９２９—１９６８）は、非暴力的な手段を駆使して、世の中に差別撤廃を訴えました。その端緒として行われた有名な運動が、モンゴメリにおけるバス・ボイコットです。バスは重要な交通機関ですが、当時、黒人が座る席と白人が座る席とがはっきりと区別されていました。これに異を唱えるため、黒人たちは車に乗り合わせるなどして、バスの乗車を拒否しました。黒人の多かった地域では、バス会社は収益が上がらず困ります。黒人の運動に共感する白人も同調するといった盛り上がりを見せ、裁判で席の分離は違憲であるとの判決を勝ち取るのです。こうした運動を積み重ね、1964年、ついに公的機関等が差別をすることを禁じる公民権法が成立しました。その直前に行われたキング牧師の演説"I have a dream"はあまりにも有名です。

しかし、法的に差別が撤廃・禁止された現代においても、心理的な差別や、差別的な行動は完全に消え去っていません。さらに、アメリカにおいて黒人は貧困者の割合が高く、結果、十分な教育が受けられずに、貧困が固定化されてしまうといった問題もあります。人種差別を完全になくすには、まだまだ私たちの努力が必要です。

フランス料理はエスニック料理

世界中には様々な民族があり、人は必ずどれか（場合によっては複数）の民族集団に属しています。民族やエスニックという言葉を、料理・音楽・衣装と組み合わせて形容詞的に使うと、アジア・アフリカ地域の伝統に基づくものや、それらの地域をイメージさせるものを指すことが多いように思われます。私たちは無意識のうちに、ヨーロッパ様式をベースとした事実上の世界標準（デファクトスタンダード）があると考え、そこから特徴や意匠が離れていてエキゾチックな印象を持つものに「民族」や「エスニック」という形容詞を付してしまうようです。しかし、ヨーロッパの人々も何らかの民族集団に属していることを忘れてはいけません。

日本に住む私たちは、ヨーロッパ人とひとくくりに捉えてしまいがちですが、ヨーロッパには多数の民族が分布しています。中でも多数を占めるのが、ゲルマン民族・ラテン民族・スラブ民族の三つで（イングランド人・ドイツ人などのようにさらに細かく分ける場合もある）、例えば宗教はそれぞれプロテスタント・カトリック・正教（オーソドクス）、言語はゲルマン語派（英語・ドイツ語・オランダ語など）、ラテン語派（フランス語・イタリア語・スペイン語など）、スラブ語派（ロシア語・ウクライナ語・ポーランド語など）のようにある程度はっきり分かれています。このほかに、アイルランドやイギリス・フランスの一部に住むケルト民族、フランスやスペインの一部に住むバスク民族、ハンガリーに住むマジャール人のように、比較的少数の民族もあります。各民族に伝統的な料理があるという考えに基づけば、フランス料理も、フランスに暮らすラテン民族のエスニック料理なのです。

ヨーロッパと同じように、日本列島にも、たくさんの民族が分布します。歴史的に日本列島の中央部に暮らしてきた大和民族のほかにも、北海道・サハリン（樺太）・クリル（千島）列島に住むアイヌ民族がいます。琉球列島に住む人たちを、近世まで日本とは別の国家を成し、大和民族とはやや異なる文化や習慣を持つことから、琉球民族ととらえる見方もあります。さらには、中国や朝鮮半島にルーツを持つ人々も少なからずおり、漢民族や朝鮮民族であるという帰属意識を持っていることも多いでしょう。より少数の人たちを見れば、かつて日本領だったサハリン（樺太）に住んでいたウィルタやニヴフと呼ばれる人々、小笠原諸島に最初に住み着いた欧米系の島民などもいます。確かに、数の上では大和民族が大多数で、日本は均質な文化を持つなどと言われますが、このようによく見ればダイバーシティが浮かび上がります。これらの人々については追って詳しく紹介しましょう。

人種と同様に、民族間に優劣はありません。しかし、最初にお話ししたように、現在の世界ではヨーロッパ様式が普及しており、ほとんど世界標準となっているので、ヨーロッパ系以外の民族とその文化が、特徴を際立たせてしまうということがあります。それが、多くの民族への理解につながればいいのですが、差別につながることは避けなくてはいけません。このことを、私たちはしっかりと確認する必要がありそうです。

多民族国家と単一民族国家

複数の民族によって構成される国家を**多民族国家**と言います。よく挙げられる例としては、各地からの移民によってつくられた米国・カナダ・ブラジル、国土が広く多数の民族の居住地を含むロシア・中国・インド、民族分布の境界に位置するスイス・ベルギーなどがあります。しかし、これらは多民族であることが特に際立つ国ということで、実際には現存するすべての国が多民族国家と言えるでしょう。先にお話ししたように、当然日本も多民族国家です。

一方で、多民族国家の対義語として**単一民族国家**という言葉があります。しかし、厳密に見てこれに該当する国はありません。国民のすべてが同じ民族である国は、グローバル化が進んだ現在ではまずありえないからです。しかし、一つの民族が圧倒的多数を占める国は存在します。例えば、大和民族がほとんどの日本、朝鮮民族がほとんどの韓国などです。

このような例を指して単一民族国家と言うこともないわけではありませんが、少数のほかの民族を無視しているかのようなニュアンスとなるため、あまり適切とは言えません。ここでは、「単一民族国家的」な国としておきましょう。このような国としては、中国を挙げることもできます。中国は非常に多くの民族を抱えるため多民族国家の典型例に挙げられる一方で、漢民族がそのうち約90％を占めているのです。

マイノリティとマジョリティ

ある国を構成する民族の比率のうち、相対的に少数である民族を**少数民族**と呼びます。少数派という意味のマイノリティと呼ぶこともあります。具体例として、日本におけるアイヌ民族、フランスにおけるバスク人、中国におけるチベット民族や満州民族のように、単一民族国家的な国における例がよく挙げられます。こうした国々では、少数派であることが際立つからです。

しかし、米国におけるイヌイットやハワイ人、ネイティブアメリカン（インディアン）の各グループのように、典型的な多民族国家の中でも、その割合が特に少ない点で少数民族として取り上げられる例もあります。また、中東に住むクルド人のような例もあります。この民族は、トータルの人口は２５００万人〜３５００万人と少なくないのですが、その主な居住地であるクルディスタンが、トルコ・イラク・シリア・イランといった国々によって分割されているため、どの国においても少数民族となっています。

多くの国では、一般に多数を占める民族（マジョリティと呼ばれる）が中心となって国の制度や規則を作るため、少数民族は政治的・社会的に弱い立場に置かれることが多い傾向があります。また、文化・慣習もマジョリティのものが標準となるため、独自性を保ちづらく、民族の文化・習慣が廃れ、マジョリティに同化してしまうこともあります。例を挙げれば、日本に暮らすアイヌ民族は、現代ではほぼ全員が日本語を日常語としています。日本で暮らしてゆくうえで、民族の言語であるアイヌ語で通すことは困難だからです。こうして言葉が受け継がれなくなり、今や、アイヌ語を不自由なく話すことができる人は、ほんの数人しかいません。このように、そうならざるを得ない同化がある一方、少数民族であることによって、社会的に不利な立場に置かれないよう、積極的に出自を隠す人もいます。少数民族に対する偏見・差別があるからです。

このような中で、少数民族のまとまって住む地域がある場合は、主権を求めて、分離・独立や自治権の拡大を目指す動きもあります。時に、その運動が暴力を伴うものとなり、紛争に発展する場合もあります。例えば、ミャンマーには多数を占めるビルマ人のほかに、カレン人・カチン人・ワ人のように少数民族が多数存在していますが、そのいくらかは民兵組織を作り、政府軍と戦闘していました（2019年現在は、多くが政府軍と停戦中）。ヨーロッパでも、フランスやスペインの少数民族であるバスク人の過激派組織がテロ事件を引き起こしています。このような例は枚挙にいとまがありません。誤解のないようにしたいのは、そうした民族が暴力や戦闘を好んでいるのではないということです。多数派に対抗する手段として、そのような手段を取らざるを得ない事情を理解しなくてはいけないでしょう。

もちろん、平和的・合法的に民主政治の中で、少数民族の声をその国の社会に反映させようという動きも多くあります。例えば、ニュージーランドのマオリ党、日本のアイヌ民族党（2019年現在は、国会議員を出していない）のような、少数民族を中心に結成された政党が知られています。

先住民族とは何か？

少数民族の多くは、**先住民族**でもあります。先住民族とは、後から移住してきた人たちが国家をつくった場合、その場所に以前から住んでいた民族のことを言います。言い方を変えると、その土地にずっと住んでいたのに、その土地にできた国の支配者にならなかった（なれなかった）民族です。ただし、すべての先住民族が少数民族ではありません。先に紹介したように、南アフリカ共和国では、多数を占めるネグロイド（民族としては主にバントゥー系民族）が、少数のコーカソイド（アフリカーナーと呼ばれるイギリス系民族など）に支配されていました。なお、この本では、単に先住していた人々を指す際には「先住民」と言い、特にその民族を取り上げる場合に「先住民族」と呼ぶことにします。

先住民族としてよく例示されるのが、米国のネイティブアメリカンの各グループ・ハワイ人・イヌイット、日本のアイヌ、ニュージーランドのマオリ、オーストラリアのアボリジニ、中国のチベット人・満州民族などですが、このほかにも先住民族は数多く存在します。

こうした先住民族は、非文明的・野蛮といったレッテルを貼られ、教育や就労で差別的な扱いを受けることも多くありました。また、支配民族が入植するため、もともと生活していた土地を追われ、辺鄙な土地で不自由な生活を強いられることもありました。このような話をすると、米国の西部劇の時代のことでしょう、と返されることがありますが、日本でも北海道ではアイヌが、朝鮮半島を植民地支配していた時代は、先住民族となった朝鮮民族の人たちが、同様の状況下に置かれました。

植民地支配と民族問題

植民地という言葉が出てきましたが、先住民族や民族紛争の問題は、実はこの植民地と大きな関わりがあります。技術的・軍事的・経済的な優位性を持つ国が、経済活動の拡大や資源調達の目的から、本来の領域の外に進出し、そこを支配下に置くことがかつては多くありました。支配下に置かれた地域を植民地と呼び、支配をする国は**宗主国**と言います。なお、政治的立場や思想の違いから、ある地域を指して植民地である、植民地ではないといった論争が見られる例がありますが、ここでは端的に「本来の領域の外にある支配地」という意味で使うことにします。

植民地は古代からありましたが、大きく拡大するのは大航海時代以降です。植民地獲得に乗り出したのは、主に技術・軍事・経済といった各方面で優位性をもっていたヨーロッパ地域でした。初期はスペインとポルトガルが植民地獲得競争の主役となりますが、次第にイギリスやフランスが台頭してきました。このように支配側の栄枯盛衰はありましたが、ヨーロッパ地域を除くと、世界のほとんどの地域が植民地支配を経験したと言ってよいでしょう。20世紀初頭のアジア・アフリカ地域、また、太平洋の島々を見ると、ほぼ全域が植民地かそれに近い状態となっていました。こうした中で、第2節で触れたようなプランテーション開発などが進められ、搾取を受けることになったのです。

植民地支配を受けることにより、もともと住んでいた人々は先住民となります。植民地支配が広がる中で、先住民族と呼ばれるグループが増えていったのです。第二次世界大戦が終わると、植民地は主には先住民が主権を得る形で、次々と独立を果たすようになります。しかし、ここにおいて民族紛争の火種が生まれてしまいました。

アフリカの地図を見ると、緯線・経線などに基づいて、国境線が直線的に引かれているところが目立ちます。これを**人為国境**と言いますが、植民地支配を受けた際、そこに住んでいる民族の分布を無視して、宗主国間で機械的に境界を引いたことによるものです。まるでアフリカ大陸が、1枚のピザであるかのように直線的に切り取って取り分けたのです。その大陸の中に、独自の風土で育まれた幾多の民族の生活があることはまったく無視されていました。

独立後も、境界線はそのまま引き継がれました。そこで、一つの民族の分布域がいくつもの国にまたがってしまったり、一つの国の中に複雑な民族分布があったりするような状態となりました。アフリカの例ではありませんが、先に挙げたクルディスタンの分割も、経緯は似たようなものでした。挙句に、一つの国の中で民族どうしが政治の主導権を争ったり、文化的な摩擦を引き起こしたり、紛争が途絶えない状況になってしまいました。アフリカ大陸には、政情不安の国が多い印象がありますが、その大きなきっかけをつくったのは植民地支配だったのです。

日本の中にある「植民地」

さて、多くの植民地が独立を果たした現在、公式に植民地と呼ばれているところはありません。イギリス・フランス・米国などが持つ小面積の海外領土が、その名残と言える程度です。こうしてみると、現在なお先住民と呼ばれる人たちが多数いることが、一見不思議に思われます。ここで、その謎を解決しておきましょう。

まず、植民地が独立してできた国のすべてにおいて、先住民が国づくりの中心となったのではありません。米国・カナダ・オーストラリア・ニュージーランドなどでは、ヨーロッパ系の移民が先住民の数を上回った状態での独立であったため、その後も先住民はその地域の支配者とはなれませんでした。もう少し厳密に言えば、先住民ではなく移民が、本国政府から独立したという地域なのです。

また、一般には本国の一部とみなされますが、実質的には植民地とみなせる地域がありま す。例えば、ロシアにおけるシベリア、中国におけるチベットや内モンゴルなどです。これらの地域には、もともと、ツングース系・テュルク系・モンゴル系・チベット系といった人々が住んでいましたが、そこにロシア人や漢民族が進出し、それぞれが主体をなす国の領土の一部にしたのです。本国からひとつながりの地域のため気付きにくいですが、成り立ちは植民地そのものと言えます。

日本における北海道や沖縄、小笠原諸島も同様の性質を帯びる地域です。

北海道は、もともとアイヌ民族の居住地でした。このことは、北海道に残るアイヌ語由来の地名がはっきりと物語っています。例えば札幌は、「サッ・ポロ・ペッ」(乾いた大きな川の意)というアイヌ語が由来だとされます(このほかのアイヌ語だとする説もある)。近代以降、明治政府は日本の版図に正式に加える一方、大和民族を次々と入植させた結果、現在は大和民族が多数となっています。米国にはニューヨーク（新しいヨーク）のように、入植した人々のふるさとの地名が付けられている例が多く見られますが、北海道にも、新十津川（新しい十津川）、北広島（北の広島）といった同様の地名があります。

沖縄も、琉球王国という日本とは別の国があったところを、明治政府が武力を背景に併合した場所です。これを**琉球処分**と呼びます。沖縄では、北海道のように大和民族が大勢入植するということはありませんでした。しかし、琉球語（琉球方言）を話すもともと住んでいた人たちに、むりやり標準語を話させるといった**同化政策**を行う一方で、本土（これも考えてみれば差別的な言葉ですね）に移住した人は就労などで差別を受けました。第3節で書いたように、川崎に沖縄タウンができた理由には、単に文化的背景を同じくする人たちが集まったというだけでなく、差別が横行する中で、助け合っていかないと生活ができなかったということもあるのでしょう。

小笠原諸島は、もともと無人島だったと言われていますが、1800年代頃には欧米出身の船乗りたちや、ポリネシア系の人たちが住むようになっていました。1876年に、明治政府が日本の版図に組み入れると、彼らはまとめて欧米系島民と呼ばれる先住民となり（欧米にルーツのある人たちだけでなく、ポリネシア系の人も含む呼称）、本土から入植した大和民族と同居するようになりました。現在も、大和民族と混血しつつも、彼らの子孫は島に住んでいます。

日本は、朝鮮半島や台湾、中国東北部（満州）や太平洋の島々を、植民地あるいは植民地的な傀儡国家とした過去がありますが、太平洋戦争の敗戦を受け、それらを手放しました。しかし、ここまで見たように、今なお内なる植民地を抱えています。この意味でも、少数民族・先住民族、あるいは民族差別の問題は、日本に住む私たちにとって決して他人事ではありません。

多国語アナウンスでおもてなし

ここまで、民族に関わる様々な事象や課題を見てきました。多民族国家と単一民族国家、多民族国家の中のマジョリティとマイノリティ、植民地支配がもたらした先住民族の問題。煎じ詰めれば、これらはすべて「民族と国の領域の問題」だと言えるでしょう。

各民族は、それぞれの文化・慣習を持っています。ですから、基本的には、各民族は互いに干渉せず・されず、それぞれが思うように暮らすのがよい、ということが言えます。この考え方を**民族自決**と言い、国連の憲章にも謳われています。となれば、民族ごとに国をつくるのが理想ではないか、少なくとも民族ごとに自治権を持つようにすべきだ、という考えに行きつきます。しかし、現実にはどうでしょうか。

かつて、東欧にユーゴスラヴィア連邦という多数の民族で構成された国家がありました。

その大統領であったチトーは、「兄弟愛と統一」をスローガンに民族の融和を進めますが、彼が死去すると、各民族は中央政府に対する不満を募らせるようになります。結果、幾多の紛争を経て、民族自決の考え方からそれぞれの民族を中心とする多数の国（最終的に７カ国）に分裂することになりました。しかし、それでも各国家は単一民族国家にはなっていないのです。

この例に見るように、各民族は、大きく見ればそれぞれがまとまって暮らしているとは言えますが、ある特定の民族だけが暮らしている領域を囲むということは現実的に不可能です。どうしても隣接する民族と入り混じる地域が生じます。

そもそも民族とは曖昧な概念であり「何を基準にくくるか」を客観的に決められません。仮に基準を帰属意識とするにしても、それを決める人の心ほど、曖昧で変わりやすいものはありません。奇跡的に明確な民族の境界線を引けたとしても、そこを超えて移民がやってきたら、どうするのでしょうか。江戸時代の日本のように、完全に国を閉ざして人の出入りを禁じることが、現代社会においてできるでしょうか。こう考えると、現実問題としてある民族だけで構成された、その民族のための国家をつくることはほぼ不可能です。

そこで、一つの国の中に多数の民族が含まれていることを前提として、「異なる文化を持つ集団は、社会の中でそれぞれ対等な立場で扱われるべき」とする**多文化主義**の考え方が広まりました。多文化主義を国の方針として打ち出している国には、カナダやオーストラリア、シンガポールなどがありますが、そのほかの国でも多文化主義的な政策や取り組みが進められています。

例えば、日本の新幹線では、車両の案内や停車駅・到着時刻などのアナウンスを、日本語だけではなく、英語でも行っていますね。しかし、日英だけでは「多文化」とは言えません。鉄道会社や路線によっては、さらに日本に使用者が多い言語として、中国語や韓国語、スペイン語などでのアナウンスも行われています。北海道の稚内に旅行した際に見て驚いたのは、道路標識にロシア語が併記されていることです（図1－14）。すぐ隣にあるサハリンからロシアの人たちが多数訪れるからでしょう。

以上は言語に限った話ですが、このほかの分野でも多文化主義に基づく社会づくりが見られるようになっています。例えば、インドネシアなどのイスラム教が多数を占める国からの移民や来訪者も増えているため、空港など公共施設に礼拝室を設けたり、ハラール食品と呼ばれる、イスラム教の教えに沿った食材を提供できるレストランやスーパーを増やしたりすることが進められています（図1－15）。

図1-14　ロシア語の併記された道路標識（2008.9　北海道稚内市）

図1-15　日本最大のモスク・東京ジャーミィ（2016.1　東京都渋谷区）
トルコ大使館の所属であるが、国籍を問わず近隣の多くのムスリムが礼拝に訪れる。市民向けの見学会も催されており、参加すればムスリムやイスラム文化への理解を深めることができる。

○人種は生物学的な区分、民族は文化的な区分である。

○人種や民族に優劣はない。しかし、歴史を振り返るとそれらに基づく公然とした差別が存在した。人々のたゆまぬ努力によってそれらは大きく改善したものの、現在も、完全に拭い去れていない。私たちのさらなる努力が必要である。

○世界のすべての国は多民族国家であり、それぞれの国の中で少数民族や先住民族となっている人々がいる。そこで、世界各地で各民族が対等な立場であるべきとする多文化主義に基づく社会づくりが盛んになっている。

○大航海時代以降に拡大した植民地支配が、今日の民族問題を複雑化させた要因と言える。

※民族に関連して、宗教に関するQ＆Aも含めています。

Q アフリカ系の人たちがヨーロッパ系の人たちから差別を受けていたことはよく知られていますが、両者の間に生まれた子どもはどのような扱いを受けていたのですか？

A アメリカ大陸において、アフリカ系とヨーロッパ系の間の混血者は**ムラート**と呼ばれます。こうした人たちは、多くの場合、黒人としての扱いを受けました。米国のオバマ前大統領は、「米国で初めての黒人（アフリカ系）大統領」と言われますが、厳密にはムラートです。ちなみに、ラテンアメリカにおいて、先住民とヨーロッパ系との間の混血者は**メスティソ**と呼ばれており、メキシコなど中米では人口の多くを占めています。

Q アメリカでヒスパニックの割合が増えていると聞きましたが、どのような人種の人たちなのですか？

A **ヒスパニック**とは、主にはスペイン語を話すラテンアメリカ出身の人たちを呼ぶ言葉で、人種概念ではありません。ヒスパニックには様々な人種の人たちが含まれています。

質疑応答 Q&A

Q 日系ブラジル人などの日系人は、日本人と遺伝的に同じなのですか。

A 日系人とは、自身あるいは祖先の出身国が日本であることに基づく社会的なくくりですので、遺伝的特徴（生物学的な系統）とはまったく関係がありません。また、日本人を「日本国籍を持つ者」とするならば、今や様々な人種が含まれるので、遺伝的特徴をまとめられません。ただ、日本人を「日本列島に古くから住んでいる人類集団」と定義したうえで、この人類集団から海外に移住した人やその子孫が、もともとの集団と同じ遺伝子を持っているか、という質問であるならば、基本的には、その通りです。一世の人の遺伝子が変わることは当然ありませんし、数世代で大きく変化することもないと思われます。もちろん、移住先で出会った別の人類集団に属する人との間に生まれた子どもも日系人とするならば、遺伝子は変化することになります。

Q 原住民という言葉もありますが、先住民と何が違うのですか。

A いずれも同じ意味ですが、「原住民」という言葉は、非文明的・野蛮といった差別的イメージを伴う場合があるので、日本では「先住民」という言葉を使うことが一般的になっています。

Q　中国は中華民族という単一の民族から成り立つ国家だと聞いたことがあります。

A　中国政府が、中国は一つであるという政治的な考えからそのように主張していますが、客観的な基準からすると、中国は多数の民族から成り立つ多民族国家です。日本でも、日本は単一民族国家だと主張する例がありますが、これもやはり政治的な考えに基づくものと言えるでしょう。

Q　なぜ宗教としては一つなのに、その中に多くの宗派があるのですか？

A　同じ宗教でも、時代が経つにつれて誰を中心的な指導者とするか、どの経典を重要とするか、どの教義を大切にするか、といった価値観の多様性が生まれ、お互いに相容れなくなると、別々の宗派に分かれていくことになるのです。

Q　宗教は簡単に変更できるものなのですか？

A　民主国家では一般に、信仰の自由が憲法で保障されています。ですから、どの宗教を信仰しようと、また、それを変更（改宗）しようと、まったく個人の自由です。檀家制度のある日本では、それぞれの家の宗派から抜け出して、別の宗派・宗教に改宗することは、周囲との軋轢を生みやすく、その意味では変更は簡単ではないとも言えますが、少なくとも国家はこれに介入できません。一方で、一部のイスラム国家では、限定的に信教の自由を認めつつも、イスラム教から他の宗教への改宗（棄教）を国家が固く禁じていることがあります。

Q なぜ長崎にはカトリックの信者が多いのですか？

A 中世からカトリック信徒（キリシタン）が多く、江戸時代の禁教中も潜伏キリシタンとして信仰を守ってきた歴史的背景が、現在にも影響を及ぼしていると考えられます。

Q なぜイスラム教徒はテロを起こすなど過激な行動に走る人が多いのでしょうか？

A イスラム教徒（以下ムスリム）に過激派が多いということは決してありません。ほとんどのムスリムは、テロを起こすことはありませんし、そうした行動に批判的です。一方で、ほかの宗教にも過激的行動をとる例が知られています。日本ではムスリムが少ないので、イスラム教やムスリムに関わるニュースというと、どうしても海外のテロ事件や過激派に関わるものが中心になってしまいます。こうした情報の偏りが、ムスリムに過激派が多いような印象を与えてしまうのだと思われます。確かに、近年は米国の航空機同時多発テロ事件やＩＳ（イスラム国）のような、過激なムスリム集団の活動が目立ちますが、その根本的な原因は、多くのムスリム社会が国際社会の中で弱い立場に置かれ、翻弄されてきたことにあります。テロ行為は決して許されるものではありませんが、弱い立場に置かれた者が、合法的な方法ではその状況を変えられず、暴力に訴えざるを得なくなってしまうその状況にこそ、問題があると考えるべきでしょう。

5 ビール工場はなぜ街の中にある？（ものづくりの地理学）

街の中にあるビール工場

様々な土地を歩き、その場所の自然や社会のありさまを実際に見て理解を深める。地理学では、こうした巡検と呼ばれる活動が行われます。その中で、ビール工場を見学することもあります。私も、学生時代に先生に連れて行ってもらいました。

なぜ、他でもなくビール工場なのかって？　それはフィールドワーカーがたいてい酒飲みだから——というわけではなく（いや、正確には、そういうことも多分にあるのでしょうが）、ビール工場はいろいろな点で巡検という活動にマッチしているからです。

まず、ビール製造各社はＰＲのために積極的に工場を開放しているところが多く、見学しやすい。また、ビールは身近な製品であり、複雑な工程もないので、工場の作業の流れを理解しやすい。そして都会に近く、交通の便のよいところに立地している。そして何より、見学後に試飲をさせてもらえる。

まあ、最後の点は置いておくとして、三つ目の点を考えてみましょう。愛知・岐阜・三

図1-16　サッポロビール旧名古屋工場跡地の公園に遺された銅製のビール窯（2019.1　愛知県名古屋市）
背後のビル群から都市内部に工場があったことがわかる。左奥は現在も営業を続けているビアガーデンへのゲート。

重の東海３県において、ビール大手４社のうち２社（アサヒビール・キリンビール）が各１カ所ずつ工場を稼働させていますが、いずれも名古屋市内か隣接地です（アサヒが名古屋市守山区、キリンが名古屋市北隣の清須市）。サッポロビールも２０００年まで、名古屋市千種区に工場がありました（図１−16）。そこは、台地と低地の境界にあたる湧き水の豊富な場所で、これを使用した「名古屋名水生ビール」という地域限定商品もありました。現在も、併設されていたビアガーデンが現地に残っており、夏は大勢の人で賑わっています。

ビール工場が街の中にあるのは、中京圏だけでなく、全国的な傾向です。図１−17は、ビール大手４社の２０１９年現

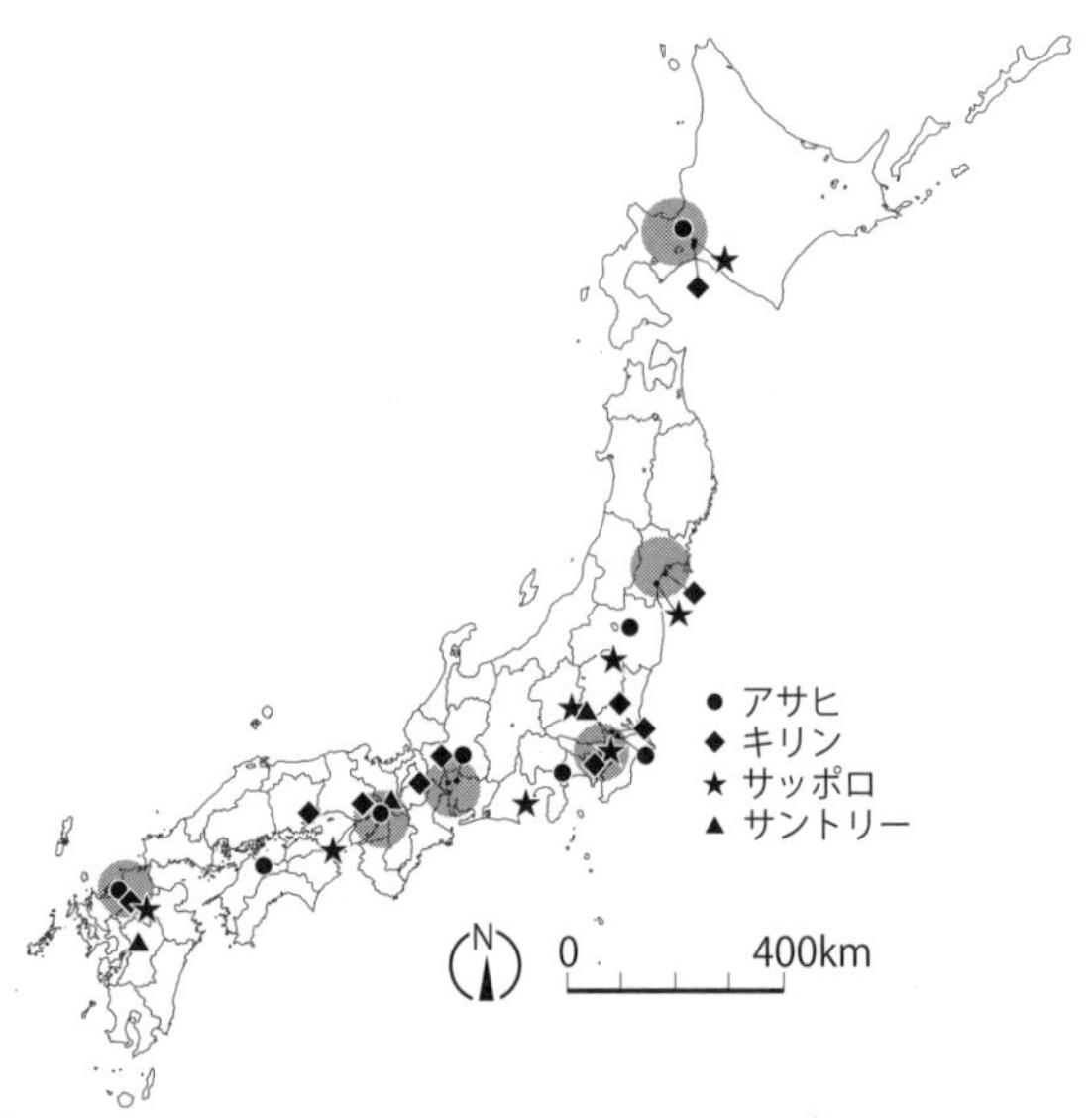

図1-17　ビール大手4社（アサヒ・キリン・サッポロ・サントリー）の工場分布

データ：各企業ウェブサイトに示された工場の所在住所に基づく（2019年1月閲覧）。ワイナリー等、明らかにビール以外の酒類を製造しているとわかる場合は除いた。網かけ部分は札幌、仙台、東京、名古屋、大阪、福岡の50km圏を示す。

在稼働しているビール製造工場の分布図ですが、見事に札幌・仙台・東京・大阪・福岡といった大都市圏に固まっています。イメージが湧かない人は、サッポロビールのブランド、ちょっと高級なヱビスを思い浮かべてみましょう。そのビールは、東京の渋谷区、山手線も停まる恵比寿という場所で作られていました（1988年に工場撤退）。恵比寿で作られていたからヱビスかと思いきや、実はその逆で、商品名が地名となった珍しい例です。都市とビールの関係は、それだけ濃厚なのです。

ではなぜ、ビール工場はこのような街中にあるのでしょうか。ほかの製品の工場はどうなのでしょうか。ビールの原料はどうでしょう。大麦やホップは、どこで作られているのか、考えたことはありますか。この節では、こうした産業がどこに、どんな理由で成立しているのか？　という点について探ってみましょう。

ものづくりを地理学から見る

私たちは、たくさんの製品に囲まれて生活をしています。工業製品だけでなく、農産物も、農家が農地を使って生産した一種の製品といえます。こうした製品を購入しなければ、暮らしは成り立ちません。もちろん、自分で木を切ってきてテーブルや椅子を組み立て、電子部品を組み上げてテレビやスマホを作り、海に出かけて魚を釣り、畑で野菜を育て、牛や豚を飼育して肉を得てもいいのですが、まず不可能です。自給自足を志す人もいるでしょうが、食品の一部を賄ったり、家具を作ったりという程度がせいぜいでしょう。

そこで現代社会では、それぞれの製品を作ることを専門とする人や組織が多数存在し、私たち消費者にそれらを提供しています。産業とは、このような製品を作る営みを言います。地理学では、それらがどこに存在するのか（立地）といった問題や、地域との関わりが検討されます。この分野を**産業地理学**と言い、**経済地理学**の中に位置付けられます。

サービスも目に見えない製品の一つという見方をすれば、商業を含むサービス業も重要な産業ですが、この節では特に、工業と農業に注目することにしましょう。

どこに工場を建てるか？

工業とは、一次産品（農産物や地下資源）を加工して、実体のある製品を作る産業です。例えば、大麦・ホップ・水からビールを作る、鉄鉱石から鉄を作る、さらに鉄から鉄板を作り、それをボディに使用して自動車に仕上げる、といった活動を言います。こうした加工の場が工場ですが、それらの立地はどのように決まっているのでしょうか。

ドイツの経済学者、**アルフレート・ウェーバー**（１８６８—１９５８）は、工場の立地は基本的に「原料の重さ」と「製品の重さ」で決まると考えました。工場を稼働させるには原料が必要ですし、出来上がった製品は出荷しなくてはいけません。そうした原料や製品を運ぶのにはお金がかかります。この輸送費は、重いほど、また、距離が長いほど高くなります。でも、なるべくコストは抑えたい。すると、原料が重い場合には原料産地の近くに、逆に製品が重い場合には消費地（市場）の近くに、工場を立地させるのがよいということになります。

原料産地にある工業

まず、原料産地の近くに工場がある例を見てみましょう。

鉄を作るには、重い原料が必要になります。大手鉄鋼メーカーの広報資料によると、銑鉄１トンを作るためには、鉄鉱石１・６トンとコークス（蒸し焼きにして炭素の純度を高めた石炭）０・４トンが必要です。かつては効率が悪く、もっと多くの鉄鉱石とコークスが必要だったと言います。それらを運ぶことを考えると、鉄鉱石（や石炭）の産地に製鉄所を造るのがよさそうです。このように、原料産地の近くに工場が立地する傾向が強い工業を、**原料産地指向型工業**と呼びます。

実際に、鉄鉱石を産する中国やブラジルなどでは、鉱山の近くに製鉄所が建てられる傾向があります。日本でも、筑豊炭田（福岡県）の近くに八幡製鉄所が造られたり（図１－18）、釜石鉱山（岩手県）の近くに釜石製鉄所が造られたりするなど、原料を自給していた時代はその傾向がありました。しかし、原料を輸入することが一般的となった現在は、臨海部に製鉄所があります。このような場合、**臨海指向型工業**と言ったりもしますが、輸入港を原料供給地と考えれば、原料産地指向型工業と同じようなものです。

図1-18　八幡製鉄所の東田第一高炉
（2014.12　福岡県北九州市）
1901年に操業した当初の高炉と周辺施設が史跡公園の中に保存されている。

原料産地指向型工業には、ほかにセメント工業、木材・パルプ工業、窯業などがあります。窯業は伝統的な工業ですが、水分を含んだ重い粘土を、わざわざほかの場所に運んでろくろを回すようなことはしません。有田・瀬戸・常滑といった主要な産地は、良質な原料（粘土・陶土）の産地でもあるわけです。愛知県瀬戸市では、市街地のすぐ背後に、瀬戸グランドキャニオンと呼ばれる大規模な陶土採掘場があり（図1－19）、初めて訪れた人はその風景に度肝を抜かれます。大胆に言ってしまえば、地質学的に窯業産地は決まってくると言ってよいでしょう。

原料ではないものの、製品を作るうえで必要不可欠なものがあるところに、立地する工業もあります。製紙業や染色業は豊富な水を必要としますが、それを手に入れられる場所に立地する傾向があります（**用水指向型工業**）。静岡県富士市における製紙業がその好例です。

図1-19　瀬戸市の陶土採掘場

（2019.2　愛知県瀬戸市）

その景観から瀬戸グランドキャニオンと呼ばれることがある。

富士市には富士山の豊富な伏流水が流れており、それを思い切りよく使えるからです。水の不便なところにわざわざ導水して工場を建てたり、水が希少で使用料金が高いところで稼働させたりすることほど、非効率的なことはないでしょう。また、アルミニウムは「電気の缶詰」と言われるほど、その生産（精錬）には多量の電力が必要です。そこで、安価に豊富な電気が得られるところに立地する傾向がありま す（**電力指向型工業**）。日本では往々にして電力料金が高く、価格競争に勝てないので精錬所は存在しません。唯一、自前の水力発電施設を持っていた日本軽金属の蒲原工場（これも富士市です）が稼働していましたが、２０１４年に撤退してしまいました。

消費地にある工業

次に、ペットボトル入りのお茶を生産することを考えてみましょう。原料として、まず茶葉が必要ですが、これは乾物で軽いので、運ぶのにあまりお金はかかりません。茶葉を煮出す水も重要な原料です。用水指向型工業があることは先に見たとおりですが、飲料を製造する程度の水は、日本であれば基本的にどこでも同じように手に入ります。つまり、敢えて水を運ぶ必要はないのですから、立地を考える際に考慮は不要です（水に乏しい乾燥地帯ではまた別の話ですが）。一方、出来上がった製品は液体ですから、これは当然ずっしりと重く、運ぶのにお金がかかります。となると、消費地（市場）の近くに工場を建てるのが有利です。

このように、市場に近接して立地する工業を**市場指向型工業**と言います。ペットボトル入りのお茶のような清涼飲料水だけでなく、節の冒頭でお話ししたビールもこれに当てはまります。麦芽は茶葉よりも重いですが、出来上がったビールよりは軽いですからね。だから、ビール工場は街の中にあったのです。

別の事情で、市場指向型となる工業もあります。それは、化粧品製造や印刷・出版業です。これらの工業で何よりも大切なのは、情報です。いち早く流行やニュースをキャッチし、それを加工して製品（化粧品・雑誌・書籍など）に仕上げなければいけません。そこで、情報が集積し、それらにアクセスしやすい都市部に工場を立地させています。見かけは市場指向型工業ですが、情報という目に見えない「原料」の産地を指向した工業とも言えるでしょう。

ところで、原料と製品に重さの差がほとんどない場合もあります。機械等の単純な組み立てをする場合や、繊維工業や縫製業（アパレル産業）などです。こうした工業では、どうすれば製造コストを削ることができるでしょうか。工場の土地代なども挙げられますが、何より大きいのが労働費です。特に、完全に機械化が難しい工程がある場合は、労働費が安いところに立地する傾向があります。これを、**労働力指向型工業**と言います。第2節でお話ししたように、日本国内では人件費が高いので、このような工業は、最終的には海外に出てゆくことになります。例えば、日本で消費される衣類は多くが海外産です。かつては中国で多く作られていましたが、中国も経済発展とともに徐々に人件費が高まってきたので、さらに安いベトナムなどに工場が移る傾向にあります。

ただし、労働力指向型とされる工業には、もう一つの類型があります。それは、高度な知識や熟練した技能が必要な場合です。時計や宝飾品、精密機械の製造がこれに該当します。

これらの工場は、こうした熟練した労働者が多い地域に立地する傾向があります。

工場はなぜ集まるのか？

ここまで、個別の工業の立地を見てきました。それらをまとめると、日本全体では、どこに工業が多く集まることになるのでしょうか。実際の立地を巨視的に見ると、関東から九州中部にかけての帯状の地域にたくさんの工場が立ち並び、工業が盛んなエリアを形成しているように見えます。この一帯を**太平洋ベルト**と呼びます。

太平洋ベルトは、その名前のとおり大部分が臨海地であり、原料や燃料の輸入に便利です。つまり、加工貿易を主体とする日本において、原料産地指向型（厳密には臨海指向型）の工業の適地となっています。一方で、東京・名古屋・大阪・広島・福岡といった大都市が含まれるため、市場指向型の工業の適地でもあります。このように、太平洋ベルトでは代表的な立地タイプのどちらにも適しており、このことが多くの工場が集まる理由となっているのです。

太平洋ベルトのように、工業生産がある場所に集中することを**工業集積**と呼びます。工業集積によって、工業が特に盛んな地域が形成されますが、こうした場所は**工業地域**と呼びます。日本では、京浜工業地帯・中京工業地帯・阪神工業地帯などのように、特に集積の規模が大きいエリアを「工業地帯」と呼ぶことがありますが、これらも広い意味での工業地域の一つと言えます。逆に、ある街の一角に工場がいくつか集まっている、という程度の小規模な集積であっても工業地域と言って差し支えありません。

工業集積には二つのパターンがあります。一つは、太平洋ベルトの例でお話ししたように、様々な点で都合のよい場所にたくさんの工場が立地する場合で、**偶然集積**と呼ばれます。もう一つは「集まるメリットがあるから集まる」という場合で、これは**純粋集積**と呼ばれます。これは若干わかりにくいので、いくつか例を出してみましょう。

原料をもとに製品に仕上げるには様々な工程がありますが、それを分業している場合、工場どうしはなるべく近いほうが輸送費を節約できます。愛知県豊田市は、トヨタ自動車を中心とする自動車工業の集積地（企業名が自治体名にもなっている！）ですが、市域とその周辺にある工場の多くは、自動車本体を組み立てるのとは別の、関連工場や下請工場です。これらが広範な地域に散らばるのではなく、まとまって立地しているのは、輸送費を減らすとともに連携を密にできるからです。また、石油化学コンビナートも同じような考え方で集積した工場群です。それらのコンビナートでは様々な石油製品を生産していますが、原油を輸入して加工をしていくうえで、各加工段階の製品や燃料を、パイプライン等を使って融通しあうと効率的だからです。

このような例もあります。新しく工業用地を造成する場合、土地を造成したり、そこに電気や水道を引き込んだりする必要があります。これらは、単独で行うよりいくつかの工場が共同で行ったほうが負担は少なく済みます。各地に工業団地と呼ばれるものがありますが、それはこの考えに基づくものです。現在では、雇用や税収を確保するために、自治体が工業団地を造成し、工場を誘致・分譲しているような場所もあります。

工業が地方に出ていく時代

ウェーバーは、輸送のコストや距離を鍵にして、工業立地論を考えました。しかし、第1節で考えたように、コスト距離と時間距離は、ウェーバーが生きていた時代から大きく縮減しています。そこで近年では、ウェーバーの考えたこととはやや違う工業立地の傾向が現れるようになってきています。

機械工業では、一部の製品の製造や、製造工程の一部を地方に移転する動きがあります。時代が変化しても変わらないのが人件費です。変わらないどころか、都市部では高くなっています。そこで、労働力指向型の傾向が強くなり、人件費が安い地域に、さらにはより安い海外に、工場を立地させるようになりました。大都市圏には、情報が重要な研究開発部門や、他の企業や工場と強く連携させなければいけない工程だけを残しておけばいいのです。このような状況は、第2節で見た海外製品との価格競争とも関係しており、**産業の空洞化**にも結び付きます。

冒頭で取り上げたビール業界にも変化が表れています。近年、小規模な醸造会社が地方の工場で製造したクラフトビールが人気を博しています。ごく一般的なスーパーマーケットやコンビニでも、主要4社以外のビールを普通に目にするようになりました。私もいろいろ試していますが、それぞれ違った味や風味があって美味しいものです。

クラフトビールが普及した背景として、酒税法改定による規制緩和や、消費者の指向が多様化したことが挙げられます。でも何より、かつてより流通網が充実したことで、地方で生産されたビールも、容易に各地に運ぶことができるようになったことが大きいでしょう。厳密にはクラフトビールではありませんが、近ごろはスーパーで沖縄のオリオンビールも目にするようになりました。このように、必ずしも市場の近くで生産されていないため、従来のビールよりも輸送コストが嵩む場合があります。しかし、それを価格に添加してもなお、「ちょっと特別なビール」として選んでもらえることが、クラフトビールの強みでしょう。このように、クラフトビール生産はもはや市場指向型工業ではありません。むしろ地方であることを強みにして売り出しています。今のところ、大手の地位を脅かして工場の立地を根本から変えてしまうところまで普及は進んでいませんが、今後はどうなるかわかりません。

工業が地域にもたらすもの

工業は、地域社会と大きな関わりを持ちます。工場の立地する周囲、また工業が集積する地域には、様々な影響が及びます。

まず、雇用を生み出します。工場やその集積地周辺には、そこで働く多くの人が住むようになり、都市化が加速化します。第３節で見たように、愛知県長久手市が「日本一若い街」となった遠因には、豊田市という大規模な工業集積地が隣に控えていたことがありました。日本の就業者のうち、第二次産業（工業）に従事する人は30％未満とそこまで多数ではありませんが、地域によっては依然として重要な就労先と言えます。

また、工業の集積は地域経済を膨らませ、活性化させます。人が多く住めば、それだけ消費活動が活発になります。そのため、商店をはじめとしたサービス業の立地も促され、より多くの人を呼び込むようになります。茨城県日立市や愛知県豊田市は、そのようにして発達した**企業城下町**です。また、工場から納められる税金は、立地する自治体の重要な収入源となります。そのお金も、公共事業を通じて地域社会に分配されてゆきます。

一つ、特徴的な事例を見てみましょう。愛知県飛島村は、同県内に二つしかない村の一つです。人口は４５００人ほどと少ないのですが、名古屋港の一部をなす臨海部は中京工業地帯の中核であり、工場を立地させている企業から非常に多くの税収があります。そんなことから、「日本一金持ちの村」とも言われます。村で生まれ1歳になった子どもや、小・中学校に入学した者には10万円の祝い金が支給されるほか、18歳まで医療費が無料となり、１００歳になると１００万円がもらえます。さらには、中学２年生の希望者を村費負担で米国に派遣するといったように、その気前の良さが話題を呼んでいます（２０１８年度版飛島村予算説明資料による。居住年数などの条件のある場合がある)。

ここまではプラスの影響を紹介しましたが、工業の立地・集積によりマイナスの影響が及ぶこともあります。例えば**公害**です。公害とは、企業などの活動に伴って生じた環境の悪化が、多くの周辺住民の健康・財産、場合によっては生命をも脅かすことを言います。よく知られる**四大公害病**のうち、水俣病・新潟水俣病・四日市ぜんそくの三つが、各地域に立地した工場が引き起こしたものでした。このように深刻かつ大規模でなくとも、高度経済成長期には、工場稼働に伴う騒音や振動、スモッグなどによって、日常的に苦痛を感じた人は多かったことでしょう。日本では、その後**公害対策基本法**(のちの**環境基本法**)が整備され、工場の稼働には厳しい環境基準が設けられるようになりました。しかし、開発途上国ではそのような法的整備が十分でない中で、経済発達を優先して周辺環境を顧みずに工場を稼働させているところも多く、問題となっています。日本は、「公害列島」と呼ばれた過去を乗り越えた技術と経験を活かし、そうした国々の支援を行う役割が期待されています。

農業の地理学的特徴

農業は、人にとって有用な生物を生産する産業です。主に農場において、作物を栽培したり、家畜を飼育したりします。多くの場合、食料を生産しますが、花卉のように鑑賞用の植物の栽培や、綿花・麻・天然ゴムのような工業原料の生産を行うこともあります。農業の立地を考えるにあたり、まずは農業に必要な条件を洗い出してみましょう。

生物を生産する活動ですから、まず何より、生物が生育できる環境がなくてはいけません。各生物には適切な生育環境があり、特に植物は気温や降水量に大きく左右されます。熱帯の植物であるバナナは、沖縄や小笠原諸島を除く日本の大部分において露地栽培（温室等に入れず野外で育てること）することはできません。寒冷地を好むリンゴを小笠原諸島や沖縄県で栽培することは一応できますが、商品として売れるものにするのは難しいでしょう。このように、農業は工業と比べて、自然環境からの影響をはるかに大きく受ける産業と言えます。

また、農業も経済活動ですから、生産物を販売しなくては成り立ちません。ですから、工業と同じように、生産地から消費地（市場）までの距離や、生産・販売にかかるコストも考慮しなくてはいけません。

工業県の多くは農業県

ドイツの経済学者、**ヨハン・ハインリヒ・フォン・チューネン**（１７８３―１８５０）は、農業の立地について、特に経済活動としての側面に注目して理論を組み立てました。ウェーバーの工業立地論と同じく、生産物を運ぶコストがカギであると考えたのです。

彼はまず、理論をシンプルにするため、肥沃度がまったく同じ土地がずっと続く平原のような場所を想定しました。その真ん中に、ぽつんと一つだけ都市があります。その周りに農地が広がっていて、農民は生産物を都市に運んで売ります。

都市からずっと離れた場所から生産物を運ぶと、かなりのコストがかかります。それでも売って儲けを出すためには、生産にかかる費用をうんと安くしなくてはいけません。そこで、そのような場所では粗放的な農業が行われることになります。粗放的とは、労働（手間暇）も資本（お金）も投じないことを言います。チューネンのモデルでは、都市から最も離れたところでは、牧畜が行われるエリアになっています。確かに、広い牧場に牛などを放しておけば、あとは乳を搾るだけですからね（実際には、そんなのどかなものではないと思いますが、理論上の話なのでお許しください）。

一方、都市のすぐ近くで採れた生産物は、ほとんど輸送コストかけずに売ることができます。その分、手間暇やお金をかけることができます。都市近隣ではそのような手間暇農業ともいうべき、集約的農業が成立することになります。チューネンのモデルを具体的に見ると、都市から最も近いところでは、自由式農業というものが行われるエリアになっています。自由式農業とは、都市で高く売れそうなものを自由に選んで生産する農業のことです。もちろん、この場所で牧畜のような粗放的な農業をしてもいいのですが、あまり収益が上がりません。やはり、多くの人は儲かる自由式農業を選ぶことになります。

もちろん、現実の世界では、場所によって土地の肥沃度はまちまちでしょうし、主要な交通路が近いかどうかで輸送コストも変わるでしょう。範囲を広く取れば、気候も違うかもしれません。したがって、現実世界では、まったくチューネンの理論どおりの農業立地はないのですが、後の研究者があちこちの実例を調べると、モデルに近い農業立地が見られる例がいくつも報告されています。１９７０年代の日本の関東地方を事例に調べた研究もあり、部分的にですがチューネンの理論に合致していたとされます。

しかし、輸送費を含めてもなお、海外産の農産物のほうが安くなることもある現代において、輸送コストを中心に据えた理論は適用しづらくなっています。ただし、都市からの距離と農業立地との関係が、完全になくなったわけではありません。

現在、大都市周辺では、**近郊農業**と呼ばれる農業が展開しています。都市住民の、新鮮な農産物を食べたいという需要がその背景にあり、傷みやすい葉物野菜などの重要な供給地となっています。野菜だけでなく、花卉類の栽培も盛んです（これも傷みやすいですね）。非常に集約的で、限られた土地からなるべく多くの生産を行い、収益を上げるよう工夫されています。日本において、耕地面積1ヘクタールあたりの農業産出額（２０１６年）を見ると、都市化の進んだ都府県で高くなる傾向があり、東京都が2位、神奈川県が3位、愛知県が4位となっています（ちなみに1位は促成栽培の盛んな宮崎県）。こうした点で、近郊農業はチューネンの示す自由式農業に相当するものと言えます。

現在、近郊農業の経済規模は相当なものとなっています。今度は都道府県別農業産出額（２０１７年）を見ると、1位は断トツで北海道ですが、茨城県が3位、千葉県が4位、愛知県が7位と、近郊農業が盛んなところが上位に入っています。一般に工業県として知られているこれらの県は、実は農業県でもあるのです。

農業の世界分布を見る

今度は、農業の立地をずっと巨視的に見てみましょう。世界には自然的、また社会的背景に基づいて、様々な農業の形態があります。

アメリカの地理学者、**ダウエント・ホイットルセー**（1890−1956）は、世界中の農業を俯瞰して、大きく三つのタイプに分けました。一つ目は**自給的農業**です。自給とは、自分で食べるものを生産するという意味ですが、経済活動がないのではありません。経営規模が小さく自給的傾向は強いものの、余剰を売買することは行われます。二つ目は**商業的農業**です。これは、生産した作物を商品として売ること主目的とする、やや規模の大きな農業です。ただし、すべてを商品化するのではなく、自給用に栽培する作物を含む場合があります。三つ目は**企業的農業**です。規模は格段に大きく、主には機械化が進んだ粗放的な農業です。

この三つの大きなタイプの中に、さらに詳細な類型が含まれるのですが、ここでは、その代表的なものを見てゆきましょう。

原始農業の世界

自給的農業のうち、適地を移動しながら粗放的に行われるものとして、焼き畑や遊牧があります。これらは、人が農業を始めた頃からある形態と考えられており、原始農業とも呼ばれます。

焼き畑は森林を焼き払って畑地にし、地力が落ちたらまた別の場所に移動して山を焼くという形式の農業です。現代においては、植生の生産性の高い熱帯雨林地域で行われる例がよく知られますが、かつては温帯の日本でも山間部を中心に広く行われていました。熱帯では、キャッサバ・タロイモ（里芋の仲間）・ヤムイモ（山芋の仲間）などが栽培されます。日本ではキビ・アワ・ヒエ・ソバといった雑穀（図１－20）や、アズキ・大豆といった豆類が栽培されていました。

焼き畑というと環境破壊のイメージがあります。しかし、伝統的な焼き畑はむしろ循環的で持続的な農業でした。焼き払ってから数年間畑にしたあと、放置しておくと植生遷移が起こり、数年から数十年経つともとの森林に戻ります。十分に地力が回復した後で、またそこを焼き畑にするのです。この施業は、里山の雑木林における森林管理に通じるものがあり、日本では焼き畑によって守られてきた生物種群もあると指摘する研究もあります。一気に大面積を焼き払い、放牧地のようなまったく異なる生態系に変えてしまう、現代の略奪的な森林破壊とは厳然と区別すべきです。

図1-20　アワ（左）とキビ（右）の穂（2017.9　愛知県瀬戸市）
筆者の自家菜園で栽培したもの。現在、健康食品としてこうした雑穀が見直されてきている。

一方、**遊牧**は、餌（草本植物など）のあるところを求めて、家畜を連れて定期的に移動する農業です。遊牧は、乾燥地・寒冷地・高標高地で行われていますが、これらの地域では作物栽培が気候的に困難なため、焼き畑に始まるような耕作文化が発達しませんでした。地域で見ると、中央アジア、中東からアフリカ大陸の乾燥地、ユーラシア大陸や北アメリカ大陸の北極海沿岸域などに卓越しており、植生区分でいうと、ステップ・サバナ・ツンドラの成立するところが相当します。ステップではヒツジやヤギ、ツンドラではトナカイ、高標高地ではヤク（チベット高原など）、リャマ・アルパカ（アンデス山脈周辺）などが飼育されます。なお、遊牧をして生活する人々を遊牧民と呼びますが、特定の民族の呼称ではありません。多くの民族が遊牧を行っています。

中華に米料理と小麦料理があるわけ

放牧や焼き畑は、生産の仕組みがとてもシンプルで、お金や手間暇をほとんど投じないで農産物を生産できるというメリットがあります。その一方、粗放的であるがゆえに、生産性は低く抑えられています。そこで時代が下ると、水や気温、土地の肥沃度など、自然条件の整った場所では、灌漑設備や決まった場所の圃場（田畑）を整えるとともに、労働と資本を集約的に投じ（手間暇とお金を十分にかけて）、高い生産性を上げる工夫がされるようになりました。

こうした集約的農業が行われる地域のうち、特にアジアでは、現在でも自給的傾向の強い農業が見られます。ホイットルセーは、これを稲作地帯と畑作地帯の二つに分けました。

自給的集約的稲作（アジア式稲作ともいう）は、南・東南・東アジアを中心とする湿潤・温暖な地域で卓越する農業形態で、名前の通り稲作が主体となります。農家一軒一軒が自給的に栽培することが中心なので零細ですが、狭い土地に多くの労力が注ぎ込まれます。現代の日本の稲作は、多分に商業的な傾向が強まっていますが、ホイットルセーの区分では、この中に含まれます。現在も地方に行けば、販売はしていないけれど、自給用にお米を作っているという人が少なからずいます。このように、日本ではよく見ると自給用の耕地がたくさん見られます。

一方、**自給的集約的畑作**（アジア式畑作ともいう）は、中国東北部・インドのデカン高原・東南アジア内陸部のように、稲作が困難な乾燥した、あるいは冷涼な地域に卓越する農業です。栽培されるのは、小麦、コウリャンなどの畑作物ですが、自給的かつ集約的である点はアジア式稲作と変わりません。

中国を稲作地域と畑作地域とに分ける、**チンリン―ホワイ川線**と呼ばれるものがあります。このラインは、年降水量８００ミリメートル～１０００ミリメートルという自然環境（乾湿）の境界であるとともに、文化の境界でもあるのは興味深いところです。以南では米の粒食が主体となり、炒飯のような米を使った料理が多く見られます。一方、以北では小麦の粉食が主体となり、包子（パオズ：日本で「中華まん」と呼ばれるものの原型）のように、小麦粉を練って蒸す料理がよく作られます。こうした中華料理の多様性は、中国大陸の農業の多様性（もとをただせば気候の多様性）によって作られていると言ってもよいでしょう。

ピーターラビットの遊んだ農地

アジアで自給的傾向の強い農業が見られる一方、ヨーロッパでは、商業的な農業が卓越しています。もともとはヨーロッパでも自給的な農業が行われていましたが、産業革命が起こり、工業が発達する中で、早い段階から農産物が商品として流通するようになったこと、有畜農業が主体で、乳や肉が商品とされたことが、その背景にあると考えられています。

その主体となるのが、**混合農業**です。穀物・飼料作物の栽培と家畜の飼育が組み合わされ（混合され）ているので、そう呼ばれます。ヨーロッパ地域の温暖なエリアだけでなく、米国東部でも代表的な農業形態です。農家の納屋に牛や豚などの家畜が飼われ、なだらかな丘に麦畑が広がり、菜園には野菜が育てられている――私たちが思い浮かべる典型的なヨーロッパの田舎の景色は、混合農業がもたらしたものです。

酪農は、乳牛の飼育を主とした農業です。ヨーロッパの北海沿岸や米国の五大湖周辺で卓越しています。牧草などの飼料作物の栽培は行われますが、混合農業のように小麦などをたくさん作ることはありません。その理由について、教科書では「寒冷なため」と説明していることが多いですが、土地が痩せていることも大きく関係しています。北海沿岸や五大湖周辺は、最終氷期に大きな氷床の下にあり、表土が削り取られてしまっているからです。こうした地域では、チーズなど乳製品の製造業も発達しています。

イギリスの田園を背景にした有名な作品に、絵本作家ビアトリクス・ポターによる『ピーターラビット』があります。その舞台とされる湖水地方は、氷河の影響を受けた酪農地帯です。絵本を読むと、マグレガーさんという農夫の菜園（ここにピーターが忍び込んで野菜を盗み食いする）が出てきます。ここはおそらく自給用の畑と思われます。つまり、人（ウサギ？）の食べる作物がまったく育たないのではなく、出荷して生計を立てるほどの収益にならないということなのです。

地中海式農業は、その名前の通り地中海沿岸（ギリシア・イタリア・フランス・スペイン・ポルトガルの南部など）や、同様の気候を持つ米国西海岸の一部（カリフォルニア州など）で見られる農業です。この地域では、植物の生育が活発になる夏に乾燥するという厳しい自然条件のため、乾燥に強い独特の作物が選ばれ、生産されています。具体的には、オリーブ（図1－21）・オレンジ・コルクガシ・ブドウなどです。コルクガシ・ブドウと来れば、ワインですね！　これらの地域ではワインの産地としても知られています。一方、冬は温暖で降水量もあり、これを利用して小麦の栽培も行われます。こうした作物の生産に加え、**移牧**と呼ばれる季節ごとに移動する牧畜が組み合わされることも特徴です。

図1-21　小豆島にある日本最古級のオリーブの木（2016.2　香川県土庄町）

日本最古を名乗るオリーブの木は他の場所にもあるが、いずれも幕末から明治初期に持ち込まれたものである。瀬戸内海に浮かぶ小豆島は、日本の中では地中海性気候に比較的近く、日本におけるオリーブ栽培の中心地となっている。

味噌汁が『沈黙の春』をもたらす？

米国の中西部やオーストラリア内陸部、南米の温帯地域などでは、広大な農地に、小麦・大豆・トウモロコシといった穀物を見渡す限り栽培したり、牛や羊を大量に放牧したりする方式の農業が行われています。綿花や菜種のような工業原料を生産することもあります。機械化が進み、作物の工場といった感じで、もはや自給的な要素はほとんどありません。こうした農業を企業的農業と言います（企業的穀物農業・企業的放牧業など）。また、熱帯地域の旧植民地を中心に行われているプランテーション農業（第２節参照）も一種の企業的農業です。いずれも粗放的なので、土地生産性（土地面積あたりの収益）は小さいのですが、労働生産性（投じた労働の量に対する収益）は大きくなります。

このタイプの農業では、非常に広い農地を管理するために様々な工夫がされていますが、その中には環境へ負の影響をもたらす行為もあります。例えば、飛行機からの農薬散布です。広大なエリアに無差別に毒物（農薬）を撒くことで、農地周辺からは、害虫だけでなく様々な生物が根こそぎ死滅させられるのです。春になっても鳥のさえずりが聞こえない、そんな死の世界を危惧した生物学者で作家の**レイチェル・カーソン**（１９０７―１９６４）は、著書『**沈黙の春**』で農薬をはじめとした化学物質による生態系の破壊を訴えました。

近年問題となっている**遺伝子組み換え農作物**も、多くがこうした大規模農場の効率化を目的に開発されたものです。例えば、ある除草剤に耐性のある遺伝子を組み込んだ農作物の栽培地に、やはり飛行機でその除草剤を散布します。すると、その作物以外のすべての植物が枯死するという具合です。他にも、害虫に対して有毒な物質を生産する遺伝子を組み込み、農薬を散布せずとも害虫を殺すことができるようにした作物も作られました。こうした遺伝子組み換え農作物を食べた際の人体への影響は諸説ありますが、少なくとも環境への影響は計り知れないものがあります。

現代に生きる私たちは、こうした大規模農場から安価で豊富な食材を得て生活していることに自覚的である必要があります。第2節で「味噌汁を飲むと温暖化が進む」と書きましたが、日本人が消費する大豆の多くがこうした農場で作られていることを考えると、さらに「味噌汁を飲むと『沈黙の春』が訪れる」とも言えるかもしれません。強力な農薬については規制が少しずつ進み、遺伝子組み換え農作物の扱いについても、その国境移動時の手続きを定めたカルタヘナ議定書といった国際的な取り決めが行われるようになりました。私たちは他人事と思わず、農業と環境の今後を真剣に考える必要があります。

日本農業の課題

ここで、日本の農業をめぐる現状を概観しておきましょう。

皆さんの周りを見て、知り合いに農業を営んでいる人はいるでしょうか。地域にもよりますが、都市やその近郊に住んでいれば、農家の知人を持つ人は少ないのではないでしょ

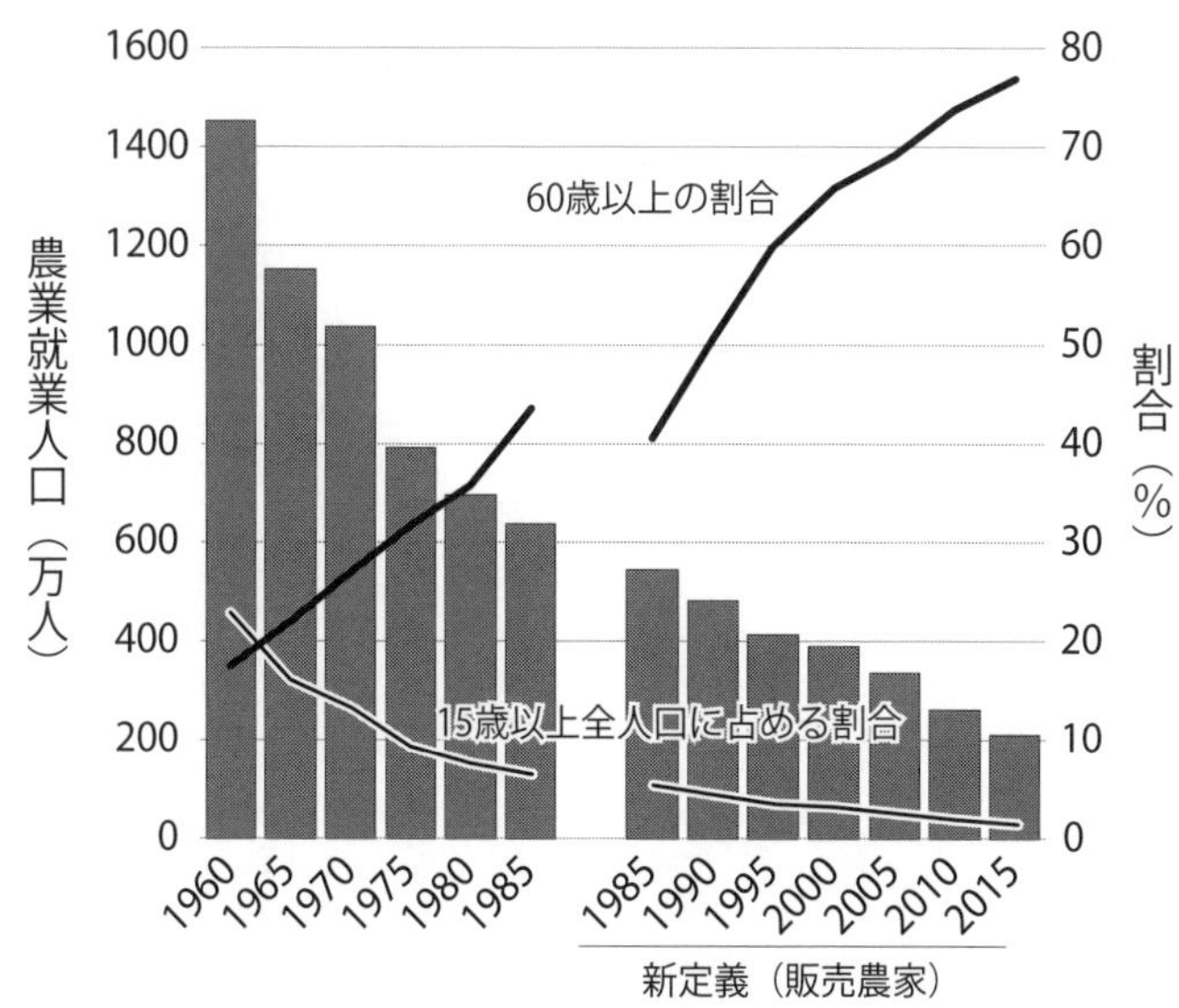

図1-22　1960年から2015年までの農業就業人口の推移と、その15歳以上人口に対する割合およびそのうち60歳以上の占める割合の変化
データ：農林水産省『農業センサス』

うか。しかし、実家（若い世代の方は父母の実家）が農家である、あるいは農家であった、という人は、そう苦労せずに見つけられるのではないかと思います。このことは、戦後日本の農業をめぐる事情の急速な変化の表れと言えます。

図１―22は、１９６０年から２０１５年までの日本の農業就業人口の変化を示したものです。これによると、１９６０年には、約１４００万人が農業を営んでいましたが、２０１５年には２００万人にまで減少しています。わかりやすく言えば、戦後すぐは、15歳以上の国民の約４～５人に１人が農業従事者だったのが、今や60人に１人になった、ということです。そのうえ、農業従事者の大半が高齢者です。なぜ、日本ではこのように農業従事者が急速に減少し、また

高齢化したのでしょうか。それは、日本の農業形態と、戦後の急速な工業化が関係していま す。

日本の農業の基本的な特徴は、先に見たように、自給的・集約的な稲作です。主に家族経営であり、経営面積は非常に狭いものとなっています。農林水産省の資料によると、2015年現在の農家1戸あたりの平均経営面積は約2・5ヘクタールです。企業的農業が盛んに行われるカナダの315・0ヘクタールや米国の175・6ヘクタールは別格としても、EUの平均である16・1ヘクタールと比べてもかなり狭いことがわかります。高度経済成長期に急速な工業化が進むと、限られた面積で農作物を作っても収益が伸び悩む（品種や肥料の改良による収益増には限界がある）一方で、家電製品が普及するなど、現金が必要な局面が増えてきます。こうなると、かつてのように農業で食料を自給しているだけでは、生活の維持が困難になります。すると、手っ取り早い現金収入を求めて兼業化が始まります。かつて、「三ちゃん農業」という言葉がありました。父ちゃんはサラリーマンとなって外で働き、家に残された「母ちゃん・じいちゃん・ばあちゃん」が農業をするという意味です。兼業化が進んだ背景には、農業の機械化もあります。かつて、田植えや稲刈りは大仕事で、人海戦術が必要でした。しかし、耕運機・田植え機・コンバインなどが普及し、その必要がなくなったのです。ただし、こうした農業機械を買うのにも、お金が要ることを忘れてはいけません。

そこに、グローバル化の波が押し寄せます。高度経済成長期以降、海外から安価な農産物が大量に入ってくるようになり、ますます国内の農家は苦しい立場に置かれるようになりました。米は、日本農業の主要品目であるとともに国民の主食でもあり、政府が高い関税をかけて生産者を保護しました（第２節参照）。けれども、食生活の欧米化で、そもそもの米の需要が下がってゆきます。つまり、米を作っても、そのほかの農産物を作っても、儲かりにくく、産業としての魅力が薄い状態になってしまいました。端的に言えば、日本は商業的農業への脱皮がうまくできなかったのです。

若い世代は農家出身でも農家を継がなくなり、かつての「三ちゃん農業」は、高齢者（じいちゃん・ばあちゃん）だけの「二ちゃん農業」になりました（電子掲示板を使った農業ではありません）。彼らも体がきつくなると、もはや誰も農業をしなくなります。したがって、農地もどんどんと縮小しています。政府は農地の集約化と大規模化、また新規就農者への支援を推進していますが、十分な成果を挙げられてはいません。家族経営が基本であるため、担い手がいなくなった農地を、別の農業者が引き継ぐことがスムーズではないためです。

産業の伝統と地域のダイバーシティ

農業が受けたグローバル化の影響は、安価な海外産農作物の流入だけではありません。かつては、地域ごとに気候風土に根差した独自の作物の品種があり、その地域の農業文化、ひいては食文化に多様性をもたらしていました。ところが流通網が発達すると、あたかも工業製品のように全国画一化が進み、地方固有の品種は姿を消しました。厳密に言えば、現在でも各地の自然環境に合わせて育てやすい品種が選ばれ作付けされてはいますが、スーパーに並ぶときに、それらはほとんど区別されていません。米だけは少し違って、地域や品種ごとにブランド化されていますが、特殊な例です。かつて各地にあった伝統品種の多くは、誰が見てもわかるくらい、見た目も味も大きな個性があったのです。その中には、味や栄養価が優れている、病気に強い性質があるなど、知られていないだけで大きな魅力を持っていたものも少なくありませんでした。

今日、そうした地方品種を見直し、蘇らせるとともに、ブランド化して農業の活性化と結びつけようという動きがあります。野菜の場合、こうした地方ごとに育まれたものを**伝統野菜**と呼びます。京野菜、加賀野菜といったものがよく知られていますが、京都府や石川県だけではなく、全国各地に伝統野菜はあります。私は、神奈川県に住んでいた際に、「相模半白胡瓜」(図1-23)という少しずんぐりして下半分が白い神奈川の伝統的なキュウリの品種を、愛知県では「十六ささげ」(図1-24)と呼ばれる非常に細長く紐のような形をした豆の品種(愛知県が選定した「あいちの伝統野菜」の一つ)を家庭菜園で育てましたが、いずれも地域の気候風土に合うのか、よく育ちました。

東京においても、江戸・東京野菜と呼ばれる近郊で栽培された伝統品種がありました。江戸には全国から人が集まりましたが、人と一緒に各地域の優良な品種が持ち込まれ、それら

図1-23　相模半白胡瓜
（2015.7　愛知県日進市）
左の１本、残りの２本はイボが特徴的な四葉胡瓜。筆者の自家菜園で栽培したもの。

図1-24　十六ささげ
（2017.8　愛知県瀬戸市）
筆者の自家菜園。

が大消費地を控えた近郊（現在の渋谷・上野などは農業地帯だった）で選抜・育成されたのです。練馬大根や小松菜はそうしたものの一つで、これらの栽培は、先にお話しした近郊農業の走りのようなものと言えるでしょう。

グローバル化した時代だからこそ、ローカルの良さを見直し、そこを訴求して売り出すという考え方は、工業の世界にもあります。伝統産業とか、**地場産業**と呼ばれるものです。主には近代化以前から、各地域の産物や技術を生かして行われていた工業であり、漆器や家具といった木製品、和紙、陶磁器、織物、また酒・酢といった醸造業がよく知られます（図１－25）。これらは、大企業ではなく中・小企業や個人の職人によって担われていることも特徴です。こうした零細な手工業によって生産された工芸品は**伝統工芸品**と呼ばれ、芸術品として高い評価を得ることもあります。

ＮＨＫで放映されている朝の連続テレビ小説は、全国各地を舞台としています。地方色を出すためか、こうした伝統産業をストーリーに絡めることが多いように見受けられます。例えば、『さくら』（２００２年）では飛騨の和ろうそく作りが、『純情きらり』（２００６年）では、三河の味噌醸造が作品の背景となっていました。さらに、『甘辛しゃん』（１９９７年）や『マッサン』（２０１４年）ではヒロインが造り酒屋やそれを源流とするウイスキー醸造業で活躍していました。

図1-25　味噌醸造業が集積する地域の路地
（2013.8　愛知県武豊町）

ここでは、伝統的な豆味噌（赤味噌）が造られており、蔵ごとに味わいが異なる。

ビールの原料はどこから？

　ということで、話題がだんだんお酒に戻ってきましたので、最後はやはりビールの話で締めくくりましょう。ビールの主な原料は、大麦（二条大麦。ビール麦とも言う）とホップという農産物です。これらは、どこで生産されているのでしょうか。

　農林水産省の資料によると、国内で使用されるビール用大麦は、２０１４年現在、国内で４万１０００トン、海外で52万５０００トンが生産されています。つまり大部分が海外産で、主にはオーストラリア・カナダ・イギリスなどから輸入されています。１９６０年代頃までは、国内で生産されるビールはほとんど国産大麦を使用していましたが、国内農業の衰退や、ビール生産量の増大に伴って、海外産の割合が増えてゆきました。なお、現在、ビール用国産大麦の主要産地は栃木県です。

　ホップはアサ科のつる草です。和名はセイヨウカラハナソウと言います。名前のとおり、花が辛い（苦い）ことが特徴で、ビールに苦みと香りをつけ、腐敗を防ぐことなどを目的として添加されます。正確に言うと、使う部分は毬花と呼ばれる雌花の集まり（雌花序）で、ホップ農家はこれを生産するのです。農林水産省の資料によると、２００８年時点で自給率は９～10％で推移しているとしており、やはり海外産が大部分を占めています。国産のホップは、ほとんどが冷涼な東北地方で生産されており、ビール会社による契約栽培が行われているようです。

このようにビールの主原料も、今や多くが輸入に頼っています。その中で、国産のホップや、国産の麦芽を用いていることを売りにした製品が、時々出回ります。先にお話しした、「グローバル化した社会におけるローカルという差別化」を意識した商品と言えます。フードマイレージも小さくなり、環境への負担が小さなビールとも言えます。原材料がすべて国産という、非常にレアなビールもあるそうですが、残念ながら飲んだことがありません。

時間距離・コスト距離が縮減した現代において、経済効率を追い求めようとすれば、ここで見たビールのように、原料と製品が世界中を移動することは必然です。ウェーバーもチューネンも「距離とコスト」が産業の立地の基本にあるとしましたが、その原則は大きく崩れようとしています。

けれども、その中において厳然として変わらないのが地域ごとの自然環境であり、また、その中で育まれた人の文化の多様性です。産業が、自然環境の制約を受けるとともに、一人ひとりが文化の担い手である人の手による活動であることを考えると、仮に「どこでもドア」が普及して時間距離・コスト距離がゼロになったとしても、世界の産業が完全に「どこでも同じ」となることはないでしょう。そして、人々が「地域のダイバーシティ」に関心を持ち続けるならば、伝統野菜や地場産業のように、経済活動を通してそれを維持しようとする方向の力も働き続けるのではないでしょうか。

産業地理学は、今後、こうした時代の変化を追い、時代に即した立地論を組み立て、地域との関わりを論じてゆくことが大切な仕事になるでしょう。そのためにも、地域をつぶさに見続け、五感を通して感じることは何よりも欠かせない活動なのです。……そう、五感が大切です。味覚も大切なのですよ。では、今度の巡検は地ビールの工場に見学に行って試飲をしましょうか！

まとめ

○有形無形の製品を作る営みを産業と言い、その立地は自然や社会の影響を受けるため、地理的な偏りが見られる。

○ウェーバーは、工業の立地は、輸送コストを最小限にするように、原料の重さと製品の重さによって決まると考えた。原料が重く原料産地に立地する工業や、製品が重く消費地に立地する工業がある。工業の内容によっては、安価な労働力や、専門的な労働力のある場所に立地する場合もある。

○工業がある場所に集中することを工業集積と呼び、条件のよい場所に偶然に集まるだけでなく、集まるメリットを踏まえて意図的に集まる場合もある。

○工業の集積地では、雇用をもたらし経済が活性化する一方、公害など環境破壊のリスクを抱えることにもなる。

○チューネンは、農業の形態は、売り上げを最大化するように、消費地からの距離によって変化すると考えた。消費地に近ければ輸送コストが節減できるので集約的な農業となり、遠ければ輸送コストがかかるので粗放的な農業になる。

○世界には様々な農業が分布するが、経営形態から自給的農業・商業的農業・企業的農業に分類できる。自給的農業はアジア・アフリカ地域、商業的農業はヨーロッパ地域、企業的農業は新世界に卓越する傾向がある。

○産業のグローバル化が進む中で、地域に根差した産業や製品を再評価するとともに、ブランド化する動きも見られる。

質疑応答 Q&A

Q

軽工業・重化学工業とは何ですか？　また、なぜどのような地域でも、経済発展につれて軽工業から重化学工業へ移り変わるのでしょうか？

A

軽工業とは食品・繊維・印刷・出版・木材加工などを指し、**重化学工業**（重工業と化学工業を合わせた言い方）は、機械・造船・鉄鋼・石油製品・薬品などを指します。出来上がる製品が軽いか重いかといった違いからの名称ですが、もう一つの大きな違いは、重化学工業が高度な技術や設備、資本（資金）が必要であるのに対し、軽工業はさほど必要としないことです。つまり、経済の発展と技術力の向上がないと、重化学工業を始めることができないのです。経済が発達してもずっと軽工業がメインのままという例がないのは、重化学工業のほうが多くの利益を見込めるからです。

Q

市場指向型の工業では都市の近くに工場が建ちますが、土地代を考えると採算上不利ではないでしょうか？

A

確かに、土地代が高いことは、都市近辺に工場を立地させる場合のデメリットですが、敢えてその場所に立地するのは、それを補って余りある利点があるからです。輸送費は生産するたびに発生する削減の難しいコストですし、情報を求めて立地する場合は、そもそも他の場所に替えることができません。また、市場指向型の工業は、広大な敷地を必要とするものは少なく、土地代も比較的少なくて済むという事情もあります。

質疑応答 Q&A

Q 安価な労働力を求めて、ベトナムや中国に工場が進出する話を聞くと、現地の労働者が安い賃金で使用されることが気の毒に思えます。不満の声はないでしょうか?

A 東南アジアなど開発途上国を旅すれば、物価が日本に比較して安いことに気づかされます。その国に暮らす人々の賃金水準も、同じ傾向にあります。ですから、日本の水準で見ると不当に安い賃金で雇っているように見えても、その国の水準では妥当な賃金が支払われているのです。ただし、労働規制が日本ほど厳しくないことを悪用して、劣悪な環境で働かせるようなことがあれば、人権上問題と言えます。

Q 出版・印刷業が工業だとすると、放送業(テレビ・ラジオの放送)も工業と言えるのでしょうか?

A 出版・印刷業も、放送業も、情報を売って対価を得る事業ですが、前者が書籍・雑誌など実体のあるものを製造しているのに対し、後者はあくまでサービスを提供しています。したがって、放送業はサービス業であり、工業ではありません。

Q 日本の工場では外国人労働者が多く雇われていますが、なぜ農業ではあまり雇われていないのでしょうか？

A 日本の農業は、基本的に家族経営であり、外部から人を雇うような経営（農業法人等）を行っている場合が少ないからだと思われます。法律上は、農業分野でも農家や農業法人が技能実習生を受け入れることが可能です。２０１８年に成立した改正入管法に基づいて、今後は農業分野でも多くの外国人労働者を受け入れることが政府方針として示されているので、今後は徐々に増えていくのかもしれません。

Q 牧畜と酪農の違いは何ですか？

A 牧畜は、乳・肉・毛などを得るために家畜を飼育する農業一般を指す言葉です。ただし、使役するためだけに飼う場合は牧畜とは言いません（日本でも、かつては使役用に家畜が飼育されたが、牧畜とは言わない）。チューネンの農業立地論で示される牧畜は、施設を使わず野外に放牧させることが想定されていると思われますが、一般には畜舎に飼育する舎飼いも含めて用いる言葉です。酪農は、「酪」すなわち乳製品を生産することを目的とした牧畜です。

質疑応答 Q&A

Q 日本では企業的農業や商業的農業も行われているのに、自給的農業のエリアに分類されていることに違和感があります。

A ホイットルセーの区分は、あくまでその地域に卓越する農業形態を見たものです。そのエリア内の農業形態の全てを示しているのではありません。ある事象について、世界的なエリア区分を行ったり、世界地図上で分布図を作ったりするときには、単純化してわかりやすく示すため、どうしても細部は省略されます。これは農業に限らず、すべての事象について言えることです。

都心部で工事が行われているのはなぜ？（人の住む場所の地理学）

田舎のネズミと都会のネズミ

皆さんは**田舎**が好きでしょうか、それとも**都会**が好きでしょうか？　それぞれに、良さと難点がありますね。そう言えば、イソップ寓話にこんなお話があります。

畑の麦やダイコンをかじりながら、田舎でのんびり暮らしていたネズミのもとに、都会のネズミが訪ねてきて言います。「君はよくこんな質素な生活をしているね。僕の所に遊びに来なよ。旨いものをたくさん御馳走するからさ」。田舎のネズミは喜んで都会のネズミを訪ねます。街のネズミは約束通り、パンやチーズなど素晴らしいものを用意して待っていてくれました。しかし、いざ食べようとすると、やってきた猫に追いかけられる羽目になります。命からがら、やっと食卓に戻ると、召使がやってきてもう時間だからと食事を下げようとします。田舎のネズミはまったく落ち着きやしません。「せっかく招待してもらったのに悪いけど、どうも気が休まらないので失礼するよ」と、都会のネズミの家を後にしました。

田舎と都会の暮らしぶりの違いを対照的に描いていて、とても興味深い作品です。イソップは古代ギリシアの人物なので、2000年以上も前のお話ですが、現代にも通じる含蓄があります。それは、どの時代においても、社会の中に田舎と都会の対比があるからでしょう。

それでは、田舎と都会を分けるものは一体何なのでしょうか。なぜ田舎は田舎で、都会は都会なのでしょうか。田舎と都会は歴然とした地球表面上の空間的差異です。また、この差異は人の移動や集積がもたらした結果でもあります。そこで、田舎と都会は古くから地理学の研究対象となってきました。この節では、地理学の考え方に基づいて、現代の社会における「田舎と都会」に関わる様々な問題を考えてみましょう。

田舎と都会は何が違う?

それでは、もう少し具体的に田舎と都会の比較をしてみましょう。皆さんは、それぞれの言葉に、どんなイメージを持っていますか?

ではまず、田舎のイメージを挙げてみてください(図1-26)。山。川。田んぼと畑。野生の生き物。……なるほど。「自然がいっぱい」ということですね。他には? 家が少ない。コンビニが遠い。特急電車が停まらない。バスが1日1本。……確かに。自然がいっぱいの裏返しで、「人の活動が目立たない」ということですね。結果的に、不便ということでもありますね。ただし、田畑の存在が示すように、田舎にも産業があることは見落とさない

図1-26　田舎のイメージ（2005.4　愛知県豊田市・藤岡地区）
現在の豊田市域は、多くの中山間地域を含んでいる。山林や農地の間に、集落が点在する。

でください。さらには？　言葉が訛っている。服装がダサい（洗練されていない）。爺さん婆さんばかり。……うーん。あまり差別的な物言いは感心しませんが、確かに、中央の言葉が標準語化されれば、そこから離れた地方の言葉は、イントネーションや語彙の違いが大きくなりますね。情報が届きにくいので都会の流行はすぐに追えませんし、仮に最新の流行の装いをしたら浮いてしまって変な目で見られるかもしれません。高齢化が進んでいる地方も多くあります。「田舎者」などという言葉もあって、なんとなくマイナスのイメージが目立ってしまいますが、「あくせくしていない」「静か」といったプラスのイメージも挙がるかもしれません。

では、都会のイメージも挙げてみましょう（図１－27）。立ち並ぶ摩天楼。不夜城。ネオン街。電車の多く集まるターミナル駅とその雑踏。……なるほど。田舎とは対極に、「人の活動が顕著」ということですね。そして、買い物や交通の利便もよい。流行の装いに身を包んだ若者がたくさんいて、活気に溢れています。プラスのイメージが目立ちますが、「騒音がひどい」「せかせかして落ち着かない」というマイナスのイメージも挙がるでしょう。

両者の違いは、景観、住む人の数や年齢構成、卓越している産業、生活の利便性、財や情報の集積、というように様々な面に及びます。ずいぶんと対比可能なポイントがあるものです。先に挙げたイソップ童話は、こうした点をちゃんと押さえているから、時代を超えて語り継がれているのですね。

しかし、両者には重要な共通点があります。それは、「人の住む場所」ということです。いくら田舎が人の活動が目立たない地域とはいえ、人っ子一人いない見渡す限りの大草原といった場所は、もはや田舎とは言えません。人の居住と活動があって、はじめて田舎なのです。そして、この共通点があるからこそ、両者は比較対象として成り立つわけです。

図1-27　都会のイメージ
（2014.4　東京都江東区）
東京スカイツリーより眺めた景色。地平線まで建造物によって埋め尽くされている。

そうだとすれば、「田舎と都会」に関わる問題を考えるためにまず必要なのは、こうした「人の住む場所」がどのように成り立ち、どこに分布しているのかを知ることでしょう。まずは、それを探ってみましょう。

集落の成り立ち

チンパンジー・ボノボ・ゴリラなど、多くの類人猿が群れをなしているのと同様に、ヒトも基本的に集団で暮らす生物です。狩猟・採集、あるいは子育てといった活動を、複数の個体が共同で行うことによって、効率化を図るとともに生存をしやすくしているのです。

このヒトの生物としての特徴は、農耕をはじめ定住するようになってからも変化することはありませんでした。世界中、どの地域のどの民族においても、住居をあるエリアにまとめて造り、共同的な生活を送っています。つまり、ヒトの群れは「**集落**」という形をとり、集落ごとに共同体がつくられてゆくことになったのです。集落とは、端的には家屋が集合する場所のことを指す言葉ですが、ここまで見たように、人の生活における基礎的な共同体という意味も持ち合わせていることに注目が必要です。

集落は、その規模や産業の形態によって、大きく**村落**と**都市**に分けられます。人口規模が小さく、第一次産業（農林水産業）が卓越する集落は、村落です。一方、人口規模が大きく、第二次産業（工業）や第三次産業（サービス業）が卓越する集落は都市と言います。

ざっくりと言って、田舎と呼ばれるのは村落が分布する地域であり、都会は、都市を中心に広がる地域と考えればよいでしょう。

集落の基本形は村落であり、それが何らかの要因によって発達したものが都市と考えればよいでしょう。ただし、都市の中には**計画都市**といって、村落を経ずに、最初から計画的に造られたものもあります。

日本の市町村と集落の関係

集落のお話をすると、「私の住んでいる○○市は都市ですか？　村落ですか？」という質問を受けることがあります。しかし、市・町・村という現代日本の行政区画と、都市・村落という集落の区分は、基本的に一対一の関係にありません。先の質問は、言うなれば「牛丼は、たんぱく質ですか？　でんぷんですか？」と聞いているようなものです。

例えば「○○市」という名称だと、いかにもそれそのものが一つの都市のように感じられます。また、「××村」だと、村全体が一つの村落のように思ってしまいがちです。しかし、ほとんどの場合、複数の集落が一つの市町村の中に存在しています。牛丼の中に、肉というたんぱく質が卓越する部分がある一方で、ご飯のようにでんぷんが中心になる部分があるのと同じように、一つの市町村の中に、発達した集落のある都市的な部分もあれば、村落が点在する農山漁村的な部分もあります。その両者の比率で、○○市は都市的な傾向が強い（都会である）、××村は農山漁村的色合いが濃い（田舎である）などとは言えますが、都市・村落の区分とは異なる次元の話です。伊豆諸島の利島村（図1－28）のように、一島一村の離島などにおいては、区域内に一つの集落しかない場合もないわけではありません。しかし、市町村合併が進んだ現在では非常に稀な存在です。

現代日本の行政区画において、伝統的な集落の単位に最も近いのが**大字**（おおあざ）です。この区画は、基本的に江戸時代からの村（**藩政村**）をもとにしており、多くの市町村は、これがいくつも組み合わさってできています。ただし、大字イコール集落というわけではありません。区画としての大字は、農地や山林を含んでいますが、一般的に集落と言った場合、家屋の集まるエリアだけを指します。また、本郷から分かれた枝郷のように、一つの大字の中に複数の集落が含まれていることもしばしばあります。

日本全体で都市化が進んだ現代において、大字を持つ自治体は限られてきました。自分の住む場所が、もともとどの集落の領域だったのかを、すぐに知ることが難しい時代になっ

図1-28　利島
（2013.3　東京都利島村）
伊豆諸島の一つ。人口約300人（2019年現在）が一つの村落にまとまる。ツバキの栽培で知られる。奥にかすむのは新島。

ているると言えるでしょう。

風の谷の村落

ところで、集落はどのような場所に立地するのでしょうか。集落の基本形である村落を例に眺めてみましょう。

村落を主要な生業別に見ると、**農村**（農業村）・**漁村**（漁業村）・**山村**（林業村）などに分かれます。ただし、いずれもそれぞれの産業に特化していたのではありません。半農半漁という言葉があるように、農村でなくとも自給用の田畑を持っていることが多くありましたし、農村でも、水路やため池で自給用の漁労が行われていました。このように、様々な自然を相手とする生業（第一次産業）が複合的に行われているのが村落です。

これらの第一次産業は自然環境と強く結びついています。そこで、漁村は臨海部や湖岸、大きな河川沿いに立地し（図1－29）、山村は広大な森林を控えた山間地に立地します（図1－30）。農村も、農業上の適地、つまり土壌が良く利水にとって都合の良い場所に立地します。

一方、村落は産業の拠点であるとともに、家屋を建てて住まう場所でもあります。そこで、村落の立地をよりミクロに見れば、家屋を建てやすい場所であることや、人の生活にとっての基本条件を整えている場所であることがわかります。

家屋を建てるには、地盤がしっかりしており、ある程度地形が平坦である必要があります。

図1-29　離島の漁村風景（2015.12　三重県鳥羽市・神島）
船の停泊に適した立地に、家々が重なり合うようにして密集する風景が見られる。ここは三島由紀夫の小説『潮騒』の舞台となった。

図1-30　紀伊半島の山村風景（2011.8　三重県松阪市・飯高地区）
村落を取り囲む山々での林業が主要な産業であるが、低地には水田や畑地もある。

人の生活には、生活用水が必要ですし（水路や湧水・地下水の存在）、快適さを求めるならば、風当たりが厳しくなく（例えば卓越風が山によって遮られるような場所）、日照もなるべく多い（北側斜面より南側斜面）ほうがよいでしょう。安全を求めるならば、土砂災害や洪水に遭いにくい地形（自然堤防・段丘面上など）を見つける必要があります。

明治時代に作られた古い地形図を見ると、平野の微地形と集落の立地は非常にはっきりと対応しています。専門家でないと判別できないような自然堤防や低位段丘を、昔の人はどうやって判断したのかと不思議に思われるかもしれません。かつては、現代のように土地改変が進んでおらず、また、建物が密集する場所も限られていて、土地の微妙な起伏を見分けやすかったということがまずあるでしょう。しかし、恐らくそれだけではないでしょう。村落を構える場所の選定は、そこに住む人々の命がかかっていたといっても言い過ぎではありません。だから、現代人よりもずっと見る目が肥えていたはずです。私たちが、引っ越し先で土地やマンションを探したりするよりもずっと、真剣に検討が行われたのでしょう。

なお、自然条件だけでなく、交通路の存在や、共同体の防御のしやすさ、信仰や慣習といった社会状況や共同体の文化的特徴も、集落の立地を決める要因の一つであることも添えておきます。まとめると、様々な生業が可能なエリアの中で、生存・生活に適した自然・社会の条件がある場所が経験的に選ばれ、村落が立地しているのです。

ところで、ヒット映画『風の谷のナウシカ』（１９８４）の舞台となっている「風の谷」

図1-31　濃尾平野に点在する塊村（1975.9　愛知県稲沢市）
旧河川の自然堤防上に並ぶ列村も確認できる。国土地理院撮影の空中写真の一部を切り出した。

は、独特の世界観の中で「国」という設定がされていますが、人口規模が小さく、農業を中心とした生業が中心である点で、基本的には村落と考えられます。そして、ここでお話しした村落の立地原則に沿っていることもわかります。つまり、その村落は「酸の海」から吹く風の通り道に位置していますが、それは風車を回す動力源であり（生業可能地域）、また、有毒な菌類の繁殖する「腐海」からやってくる胞子を吹き払ってくれてもいる（生存可能地域）のです。地理学的によく考えられた設定と言えるでしょう。

村落の様々な形

多くの場合、村落の立地にふさわしい環境を持つ場所は、不定形な塊状に存在します。そのため、村落もその形状になります

図1-32　宿場町として機能する街村（1975.1　三重県亀山市）
東海道の宿場の一つ、関。鈴鹿越えを控え、大きく発達した。国土地理院撮影の空中写真の一部を切り出した。

（図1－31）。これを**塊村**と呼びますが、ごく一般的な村落の形態です。適地が、細長い形状になっていることもあります。例えば、周囲よりやや高いため水害に遭いにくい自然堤防、あるいは地形が平坦で豊富な湧水の得られる扇状地の扇端部などです。このような場所に細長く立地する村落は**列村**と言います。また、同じ細長い形状でも、交通路に沿っている場合は**路村**と言い、宿場のように特に道がその村落の成り立ちに重要な場合は**街村**（図1－32）と言います。

ヨーロッパの一部には、**円村**と呼ばれる教会や集会場のある中央の広場を囲むように円く家々が並ぶ、珍しい形状の村落もあります。これは、人々の信仰や生活習慣が作り出した村落の形態と言えるでしょう。塊村や列村の場合でも、その中央部に共同の水くみ場や集

図1-33　砺波平野の散村（1975.9　富山県入善町）
国土地理院撮影の空中写真の一部を切り出した。

会場などの共用施設があることが一般的です。ただし、日本の村落においては、信仰のよりどころ（神社）が中央にあるという例は少なく、あとでお話しするように、たいていは村はずれ（村落の領域の境界付近）にあります。

このように、村落は往々にしてひと固まりの住居群として存在しています。これを**集村**と言います。ここまでに挙げた塊村・列村・路村・街村・円村は、集村のバリエーションです。集村は、家同士が密着しているのでコミュニティの結びつきを強固に維持できるほか、外敵からの防御という点でも優れています。しかし、農村の場合、それぞれの家の耕作する農地はその外側に広く続いているわけですから、少し不便です。これを解消するために、外敵の脅威がない地域や時代では、家屋が1戸ずつばらばらに存在する村落の形態も作られました。これを**散村**と言います。

日本国内に見られる有名な散村としては、砺波平野の村落（図1－33）や北海道の**屯田兵村**が挙げられます。海外でも、米国やオーストラリアなど新大陸内陸部の農業地帯にはそのような形態の村落があります。米国の開拓地では、入植者1戸あたり64ヘクタールの農地を割り当て、何年か土地を耕せば土地は自分のものとなるという制度（ホームステッド法）がありました。これが適用された場所では、開拓地が碁盤の目状に地割りされ、それぞれの中に入植者が住んだので、散村の形態ができたのです。北海道の屯田兵村も、これを参考にして造られたものです。

散村となると、もはや村落とは呼べないのではないか、という意見もあるでしょう。しかし、これらの地域でも遠目に見れば、家屋は広範な範囲に散在するのではなく、ある一定のエリアにまとまっていることがわかります。それは、このまとまったエリアで共同体が成立しているからであり、このことは集村と何ら変わりはありません。

村落空間と村落共同体

ここまで見たように、村落は様々な形を持ちますが、人々の生活はそうした家屋のある場所だけに留まりません。農村を例にとれば、人は、その背後にある耕地や林野にも日常的に足を運び、生業を営んでいました。こうした村落と一体となって人々が生活する領域

図1-34　文化的景観としての村落空間（2018.8　長野県飯田市・遠山郷）
ここは、最大傾斜38度の急斜面に耕地や家屋が点在する景観が見られる。東洋のチロルと呼ばれ、観光地ともなっている。

を**村落空間**と呼びます。

民俗学者の福田アジオ氏は、農村の村落空間は、家屋の集まる中央の場所（ムラ）、その外側にある耕地（ノラ）、さらにその外側にある山林（ヤマ）の3領域から成り立つと考えました。現代の感覚からすると、山林も日常の生活空間というのは違和感があるかもしれませんが、ガスも電気もない時代は、ヤマのたきぎを採取して燃料としていたのです。昔話に出てくる「お爺さんは山へ柴刈りに」の「山」とは、福田氏の言う「ヤマ」なのです。田舎が田畑や森林のイメージを強く持たれるのは、こうした村落空間の中にノラやヤマが存在感をもって広がっているからでしょう。田畑は自然景観と混同されますが、実のところその場所に人がずっと住むことによって造られてきた**文化的景観**なのです（図1－34）。

近年、棚田（図1－35）や雑木林の創り出す景観が文化財や世界農業遺産などとして認定を受けるとともに、観光資源としても注目を集めています（第2章参照）。それらは、紛れもなくいずれかの村落を構成する空間の一部です。かつては「村の田んぼ」「村の山」だったものが、「日本の田んぼ」「世界の山」になったのです。つまり、村落空間は地域の財産であるとともに、今や人類の財産と言っても過言ではありません。

ところで、ヤマの外側は普段行かない領域であり、人知を超えた何者かの住む場所とも考えられてきました。ある時には人に福をなす者（神など）がそこからやってきますし、またある時は災いをもたらす者（悪霊など）が下りてきます。そこで、村落空間の果てに人々は神社を建て、神を祀り悪霊の侵入を防ぐとともに、村落との境界を明確にしました。2018年に世界無形文化遺産に登録された「なまはげ」（図1－36）などの**来訪神**は、こうした村落の領域の外から、ある期間だけ特別にやってくる神様です。ま

図1-35　棚田の景観
（2016.4　滋賀県高島市・畑の棚田）

図1-36　なまはげの像（2008.9　秋田県男鹿市）

た、映画『となりのトトロ』（1988）で、主人公の姉妹（小学生のさつきと幼児のメイ）が引っ越してきた村落の果てにある「塚森」と呼ばれる社寺林も、そうした境界性を帯びた場所の一つと考えられます。そして、トトロという架空の生物も、一種の山の神様なのでしょう。

村落を社会集団として見ると、**村落共同体**という「ヒトの群れ」が浮かび上がります。村社会という言い方がありますが、良くも悪くも強固な連帯感を持つのが村落共同体の特徴です。それは、農作業や祭礼といった共同作業で培われたものであり、また山林などの資源を共有し共同管理するために必要なものでした。屋根の葺き替えや葬儀のように、大勢で助け合う状況に出くわしても、この共同体に属していれば心配ありません。

先にお話しした『トトロ』でも、メイが行方不明になった際に、村人総出で捜索が行われる場面がありました。さつきとメイの一家は、この村落にとって新参者ですが、おそらくそれなりの義務を果たし、村落共同体の一員として迎えられていたからに違いありません。もし、こうした共同作業に理由なく出席しなかったり、ルールに背いたりするようなことがあれば、共同体から外される「村八分」となり孤立状態に置かれることもありました。それは、群れでの生活を基本とするヒトの本来の性質からして、大変に辛いことです。

現在でも、地方に行けば、多少形を変えつつも村落共同体は存続しています。これを、煩わしい、息苦しいと感じる人も増えています。そして、第2章でお話しするように、Iターンで新しく村落周辺に住むようになった人と様々な軋轢を生む背景ともなっています。

都市は広がり増えていく

人口規模が大きく、主に第二次産業（工業）や第三次産業（サービス業）が卓越する集落は、都市と呼ばれます。都市は古代から存在しており、ギリシアやローマの都市国家はよく知られています。「すべての道が通じる」と言われるほどに栄え、100万人を超える人々が住んだローマ、ヴェスヴィオ火山の噴火によって一瞬にして埋積されたポンペイなどは、ヨーロッパ観光で訪ねたことがある人もいるでしょう。一方、東洋にも古くから都市はありました。中国の長安や、それを参考にして築造された日本の平城京・平安京などが挙げられます。

しかし、古代から中世において都市はあまり多くなく、人口のほとんどが都市の外にありました。ところが、19世紀に入る頃から世界中で急速に都市が増えてきました。集落や地域の中に住宅が増え、さらに商店・工場・オフィスビルといった第二次産業・第三次産業に関わる土地利用の要素が増してゆくことを**都市化**と呼びます。19世紀以降の都市化の背景には、第3節で紹介したような急激な人口増加に加え、産業革命や商業経済の発達に伴う第二次産業・第三次産業の発達があります。つまり、おおよそで経済の発達に伴い都市化が進んだと考えて差し支えないでしょう。現代でも、開発途上国では大都市への一極集中のような現象はあるものの、国土全体を見ると都市化はさほど進んでいません。

この過程では、既存の都市でも、規模がより大きくなる傾向が表れるようになりました。この理由としては、第1節で紹介したように、交通が発達したことで、人の移動の障壁が少なくなったことも大きいでしょう。結果として、現在は**メガシティ**と呼ばれる人口が１００0万人を超える都市も多く出現しています。東京・北京・ニューヨーク・パリ・ロンドンなどがその好例ですが、近年ではアジアの人口増加に伴って、デリー・ダッカ・ジャカルタなどもメガシティとなりました。また、大都市が密接な関係を保ちながら帯状に連なった、**メガロポリス**と呼ばれるエリアも現れるようになりました。米国東北部のボストン―ワシントン間（ボスウォッシュ）や、日本の京浜―阪神間（東海道メガロポリス）などがよく挙げられます。

さらには、もともと別々の起源であった都市が、発達の過程で融合し一つの大きな市街地をつくるような例も多く見られます。例えば、現在の東京の市街地は、中心となるもともとの市街地の外にあった千住・板橋・新宿・品川といった宿場町を呑み込み、さらには、その先の千葉・川崎・横浜・さいたまといった辺りまで、ひとつながりに広がっています。このような例は**コナーベーション**と呼ばれます。

都市化が進行すれば、国土の中で都市の占める割合が増えていき、結果的に大部分の人が都市に住むようになります。ある国（地域）の中で、都市に住む人の占める割合を**都市人口率**と呼びます。国連が２０１８年に発表したレポート（World Urbanization Prospects 2018）によると、世界の都市人口率は55・３％と、今では人類の過半が都市に住んでいることが示されています。そして日本は、その値が91・６％と非常に高くなっています。何をもって都市とするかという定義によって、この数字は多少変化しますが、ともあれ、田舎に住む人はどんどん減っていく状況にあるのです。

押し出されるか、引き寄せられるか

それでは、なぜ人は、都市に集まってくるのでしょうか。そのわけは、第１節や第３節ですでにお話ししていますが、ここでもう一度まとめておきましょう。

都市には多くの第二次産業・第三次産業が集積しています。具体的に言えば、様々な企業オフィス・工場・商店が立ち並んでいます。都市には多くの人がいるので、そこで働いてもらえるし、商品を買ってもらえるからです。裏を返せば、都市に住めば食いっぱぐれることもなく、得た収入で豊富な商品を手に入れ、便利な生活を送ることができるのです。このように都市は人を引き付けますが、鉄道や道路などの交通の発達は、さらにそれを助長しました。

先進国では、農山漁村にいても、職を選ばず多少の不便を我慢すれば、生活はひとまず可能です。しかし、魅力の大きな都市に引き寄せられるようにして、人々は集まってきます。このような都市化の要因を**Pull 要因**と言います。一方、発展途上国では農山漁村にいたままでは生活が立ち行かない場合が多くあります。農山漁村の貧困や低い生産力、人口増加といった事情が、人を都市へと押し出します。このような都市化の要因は**Push 要因**と呼びます。

とはいえ、「先進国ではPull 要因、発展途上国ではPush 要因」と短絡的に理解するのは間違いです。都市への人口流入は、引き寄せる側（都市）と押し出す側（農山漁村）との相互作用によって起こるものですから、どちらかの要因が目立つということはあっても、片方だけということはありません。例えば、高度経済成長期の日本では、集団就職といって、地方から多くの若者（特に中卒者は金の卵と呼ばれた）が都市にやってきました。その背景としては、当時、好況に沸いていた都市部は深刻な人手不足が起こっており、そこに引き寄せられた側面（Pull 要因）がある一方、家を継げない次男以降が農業の手伝いだけしていても独り立ちできず、かといって地元での就業機会はないという、押し出された側面（Push 要因）がありました。

地域の中心地で財を購う

ところで、都市には人の活動に関わる様々な機能（**都市機能**）が複合的に存在しています。人を居住させる機能、売買など経済活動を行う機能、工業生産を行う機能、政治を司る機能などです。

都市によっては、ある特定の機能が目立つ場合があります。そのとき、その機能を冠して○○都市というニックネームを付けることがあります。例えば、多摩ニュータウンのような住宅都市、豊田のような工業都市、つくばのような学術都市、かつての呉のような軍事都市、ワシントンD.C.のような政治都市などです。少し特殊な例を挙げれば、エルサレムやメッカのように、宗教的機能が目立つ宗教都市や、京都やナポリのように、多くの観光客を集める保養観光都市というものもあります。

もちろん村落にも、居住・経済・生産・政治といった基本的な人の活動に関わる機能は存在します。しかし、人が多く集まる都市では、それらの機能がとりわけ発達して顕著に行われています。こうした機能の規模の大きさに加え、もう一つ都市を特徴づける重要なポイントがあります。それは、各機能の大きさを背景として、地域の中心地となっていることです。

中心地とは、「財やサービスの供給拠点」、すなわち財やサービスを求めて人が集まってくる場所という意味です。私事で恐縮ですが、私は現在、田畑の混じる農村的色合いの濃い愛知県瀬戸市の郊外に住んでいますが、ご飯の材料を買いに行くとなれば、近くの住宅団地の中のショッピングセンターに行くか、少し離れた駅前のスーパーに行くかの選択となります。いずれも地域内では都市化した場所と言えます。こうした場所では、周辺の地域から続々と人が集まり、買い物をしています。お祝いなどで、ちょっとよいワインを飲んでみたいというようなことになれば、さらに足を延ばして名古屋都心の百貨店などに行きます。そこが、さらに広い範囲の中心地であり、より多くの人が集まってくるために、レアなものでも置いてあるのです。このように、都市の影響が及ぶ範囲（**都市圏**）は都市の規模によって変化します。

スーパーのあるような小さな中心地（小都市圏）は日本中に数えきれないほどありますが、百貨店のあるような大きな中心地（大都市圏）は、数えるほどしかありません。つまり、大きな中心地は、小さな中心地をいくつも内包したような形で存在しています。ドイツの地理学者、**ヴァルター・クリスタラー**（１８９３―１９６９）は、このような都市の階層性を理論化し、**中心地理論**と名付けました。

なんだか難しそうに聞こえますが、日常の中で都市にありそうなものを思い浮かべれば、いろいろなものが中心地理論に従っていることがわかります。例えば学校がそうです。小学校は小さな中心地にたくさんありますが、中学校、高校、大学と進むにつれて、数が少なくなり、大きな中心地に集約されるようになります。銀行の出張所―支店―本店の配置もそうです。ちょっとした現金を引き出すには近所のＡＴＭ出張所でよいですが、大口の融資の相談をするには、大都市にある本店に行かなくてはいけません。

このように、都市は様々な機能を持ち、規模の違いはあるとしても中心地としての役割を果たしています。ただ、近年では必ずしもそうとはいえない側面が出てきていることにも注意が必要です。例えば、モータリゼーションの影響で、広大な田んぼのど真ん中に、何でもそろう大型のショッピングセンターが造られたりしています。都市だけが中心地となるのではない時代となりつつあります。

にょきにょきビルの建つところ

都市の中ではどこも同じようにビルが立ち並び、均質であるかというと、そうではありません。同じ都市の中でも、買い物に行くときは商店街、行政手続きをするときは官庁街、商談はオフィス街、知人の家を訪ねるときは住宅街、というように様々なエリアが分かれ

図1-37　名古屋のCBDの一つである名駅地区の高層ビル群
（2018.1　愛知県名古屋市）
愛知県春日井市・岐阜県多治見市境の弥勒山（標高436.6m）より望む。

図1-38　新宿御苑より見た新宿副都心（2014.4　東京都新宿区）

ていますね。つまり、村落空間がムラ・ノラ・ヤマに分かれていたように、都市空間も場所による用途の差異があります。先にお話しした都市の機能が、エリアごとに分担されていると考えてもよいでしょう。

基本的に、都市は**都心**（**中心市街地**）と**郊外**から成り立ちます。郊外は居住機能が卓越していますが、都心は経済機能や政治機能が集約され、とりわけ人の活動が活発なエリアとなっています。

都心の中でも特に、官公庁や企業の本社など中枢的な機関が集積する場所を**CBD**（Center Business District：中心業務地区）と呼びます。東京で言えば、大手町・丸の内・霞が関といった場所が相当します。地価が高く、狭い土地を有効に利用するためににょきにょき高層ビルが立ち並ぶ景観が見られるため、景観的にも都市の中心であることがはっきりとわかります（図1－37）。その周囲には、百貨店や専門店などの商店が立ち並ぶエリアがあります。中心商業地区と言うことがありますが、地方都市では一般に商店街と呼ばれます。

東京・大阪・名古屋といった大都市では、都心と郊外とを結ぶ鉄道のターミナルなどに、都心の機能を分担する**副都心**と呼ばれるエリアが存在することがあります。東京では、新宿・渋谷・池袋などが当てはまります（図1－38）。

食べられないが、よく膨らむ大きなドーナツ

ここまで見たように、都市が発達すると、都心部は専らオフィス用地や商業用地として使われるようになり、居住の機能はほとんど失われてしまいます。もちろんそこに住宅を構えてもよいのですが、土地の値段が非常に高いので割に合いませんし、それこそ「田舎のネズミ」ではありませんが、騒々しくて静かに暮らすには適さないでしょう。六本木ヒルズのような高級な集合住宅が建てられることはありますが、そこに住める人は今のところあまり多くはありません。

その結果、大きな都市における居住の機能は、都心の外側（郊外）に広がることになります。すると人の住むエリアは、あたかも都心を取り巻くドーナツのような形となります。このように、人口が都心部で減少し郊外で増加する現象を**ドーナツ化現象**と呼びます。都市の膨張とともに、地価の高騰に追い立てられるように、また、新たな宅地を求めて、ドーナツの輪はどんどん外側に広がってゆきます。この過程で、都市近郊の農村が次々と都市化してゆきました。

土地の確保が容易な郊外で、住宅を大量に供給するために造られる街（住宅都市）を、**ニュータウン**と言います。もともと農村の丘陵地で、わずかな村落が点在していた場所に忽然と現れた文字通り「新しい街」は、居住の機能にほぼ特化しているという点で、歴史上類を見ない特殊な都市と言えます（図１－39）。また、既存の集落が発達したものではなく、

図1-39　横浜市南部のニュータウン（2014.4　神奈川県横浜市）
整然と並ぶ住宅地の中に取り残された鉄塔が、かつて行われた土地の大規模造成を物語っている。

最初から造られた都市という意味で、長安や平城京と同じく計画都市の一種とも言えます。関東では多摩ニュータウン（東京都稲城市・多摩市・八王子市・町田市）や港北ニュータウン（神奈川県横浜市）、中部では高蔵寺ニュータウン（愛知県春日井市）、関西では千里ニュータウン（大阪府豊中市・吹田市）などがよく知られます。

都市近郊の農村地帯は、単に都市へ農産物を供給する機能を持っていただけではありません。**里地・里山**と呼ばれる豊かな生物相を育む、生物多様性を保全する上で重要な場所でもありました。それが、このニュータウン造成によって大きく損なわれることになりました。映画『平成狸合戦ぽんぽこ』（１９９４）は、多摩ニュータウン造成に伴う野生生物たちの置かれた状況を、擬人化して描いたものです。また、それまで農業を営んでいた人たちは、それまで耕作していた農地が宅地になってしまったため、団地の居住者向けの商店を経営するなど、転業を強いられることになりました。

ニュータウンのように計画的に整然と造成された場所ばかりではありません。もともと農村だった場所が急速に都市に呑み込まれる過程では、**スプロール現象**と呼ばれる無秩序な市街化も進みました。つまり、細く曲がりくねった道路や、不定形の土地、未整備の下水道など、農村時代の脆弱な社会基盤（インフラ）や土地形状を残したまま虫食い状に開発が進むことで、都市化後の快適性や利便性が損なわれてしまうという問題が生じたのです。大きな都市の郊外に行くと、迷路のような路地に乱杭歯のように立ち並んだ宅地に出くわすことがありますが、それはスプロール現象が引き起こしたものです。

こうした郊外の宅地は、都市労働者が寝るために帰ってくる場所という意味で、**ベッドタウン**と呼ばれます。これは和製英語で、英語のネイティブスピーカーが聞くといかがわしい街のように聞こえるのだそうです。もちろん、そこにも商店があって経済活動が行われ、子どもたちが教育を受け、休日に人々がくつろぐ公園もあるのですが、仕事をすることを中心に考えれば、あくまで「ベッドのある場所」なのですね。いかにもワーク・ライフ・バランスの歪な日本人らしい用語だと思います。

どこまでドーナツの輪が広がっても、そこに住む人たちの職場は都心のままです。こうして、東京をはじめとした大都市圏では、長距離の通勤を強いられる人が増えることになりました。政府が2016年に行った社会生活基本調査によると、通勤・通学時間の長い都道府県の1位から5位までを並べると、神奈川県、千葉県、埼玉県、東京都、奈良県の順になります。いずれも東京都心または大阪都心に通う人の多い地域ですね。通勤・通学に費やした1日あたりの時間の全国平均が1時間19分であるところ、神奈川県では1時間45分、奈良県でも1時間33分でした。

バック・トゥ・ザ・センター

都市の膨張にしたがって、都心部からすべての人が郊外へ移っていたわけではありません。古くから都心部に住んでいた人たちの中には、移住が困難な低所得者もいます。海外では、移民やマイノリティが住むエリアが孤立して取り残される場合もあります。先に見たように、都心部は居住者が少ないので、治安の悪化に結びついたり、建物が老朽化したりと荒廃した様相を示す場合があります。このようなエリアをインナーシティと呼び、これが引き起こす問題を**インナーシティ問題**と言います。

また、インナーシティとはやや異なる問題ですが、地方都市では、モータリゼーションの進展によって、路地が多く駐車場も少ない都心部の商業地が魅力を損ない、客足が遠のいてしまう現象も見られます。駅前の商店街が軒並み廃業してしまう「シャッター街化」はその顕著な例です。

インナーシティや活力を失った都心部に対し、もう一度価値と魅力を高めるような開発を行うことを**再開発**と呼びます。区画整理を行い、道路を拡幅し、また、集客性のあるシンボル的な商業施設を造るといったことがその例です。計画都市ではなく、小さな集落から発達した都市の場合、都心部は昔の不定形で小さな区画が残ったままになっていることが多く、それが利便性を削ぎ、活性化の障壁になっていることが多くあります。これを取り除き、街を刷新させるのです。再開発が成功すると、そこに住んでみたい、出店してみたいという志向が現れるようになり、再び都心に人口や商業施設が戻ってくるようになります。この傾向を**都心回帰**と言います。

近年、日本の主要都市では、総じて都心回帰の傾向が強まっています。それは都心の再開発が進んだことに加え、１９９０年代のバブル崩壊後、都心の地価が下落したことも一つの要因とされています。ある程度の収入がある層ならば、集合住宅であれば、都心近くに住むこともさほど困難ではなくなりました。長時間の通勤ラッシュに耐えて体力と時間を消耗することなく、余暇の充実に回すことのできる都心暮らしは、ワーク・ライフ・バランスが重視される今後の時代、ますます増える可能性があります。

都会のネズミ、田舎へ行く

親愛なる田舎のネズミへ、都会のネズミより

この間は、せっかく来てもらったのに大変な思いをさせてしまって済まなかった。実はあれから、いろいろ大変だったんだ。

私の住んでいたところの人間が全部立ち退いてしまって、代わりに重機がやってきてバリバリと家を壊し始めたのだからたまらない。しばらく、隣町の親戚の家にやっかいになっていたんだが、久しぶりに戻ってみたら、すっかり道が広くなっているわ、以前とは違う立派な建物も建っているわで、たまげたよ。人間は、『インナーシティが再開発された』とかなんとか言っていたがね。

それで、もう安心と思ってまたそこに住み始めようとしたんだが、これがいやはや……。住む人間の層が変わったのか、ちょっとでも我々の姿を認めると、『ぎゃあ、不潔だ』『せっかく高いお金を払って買ったマンションにネズミだと！』などとわめいて、親の仇のようにやっつけにかかられる。昔は、ちょっと追い払われるくらいで済んだのだけれど。昔いた人たちは、どこに行ってしまったのかな。聞いたところでは、お金をもらってどこか遠くに引っ越して行ったらしいけれど、住み慣れた場所を離れるのは辛かったろうな。

そう、この手紙を出したのは他でもない、君にお願いがあるからだ。私もついに引っ越しを決意した。ここで暮らしていくのは、もはや危険すぎる。新しく来た人たちの危険は、

猫の比ではない。かといって、親戚の家にまた厄介になるわけにもいかない。ついては、君の住んでいる近くに、新たな住処を見つけてもらえないだろうか。聞くところによると、人間の世界ではこういうのをIターンとか言うらしいな。私も人間のするIターンというものを経験してみたくなった。

以前に君の暮らしを「よくこんな質素な」と鼻で笑ったのに、呆れるだろ。その時は悪かった。でも、考えてみれば、のんびり畑の野菜をかじる君の生活、悪くない。いや、なかなかいい。どうか、虫がよいなどと怒らず、友達のよしみでよろしく頼みたい。お礼として、命からがら集めた高級チーズ（これが結構ゴミ捨て場にあるんだ）を持ってゆくのも約束する。

○人が集住する場である集落は、人口規模が小さく一次産業が卓越した村落と、人口規模が大きく第二次・第三次産業が卓越した都市とに分けられる。

○村落は、生業が行いやすく、また、安全で暮らしやすい場所に立地する。村落は様々な形態があるが、大きくは集村と散村とに分かれる。

○村落空間の中には集落・耕地・林野といった土地利用があり、それらは強い共同体意識のもとで維持管理されてきた。

○19世紀以降、世界各地で都市化が進み、既存の都市も大きく膨張した。

○都市は、居住・経済・政治・工業生産など様々な機能を持っており、また地域の中心地としての役割を果たしている。

○都市空間は大きく都心と郊外から成る。都心には中枢機能が集中するCBD（中心業務地区）が存在する一方、郊外は宅地が卓越している。

○都市の膨張とともに人口のドーナツ化現象が進んだ。その過程で、各地にニュータウンが造成され、また、農村のスプロール現象が起こった。一方、都心では再開発が行われ、魅力が回復した都心に人が回帰する傾向も見られる。

Q 集落と部落はどのように違いますか？

A どちらも同じように、人の集住する場所という意味を持ちますが、部落には、被差別部落の短縮語としての用法があります（部落解放運動など）。これとの混同を避けるため、前者の意味の学術用語としては一般に集落を使います。この本でも、この用法に従っています。ただ、前者の意味で、集落より部落を使うほうが一般的である地域や世代もあります。

Q 東京にも村落はありますか？

A 東京都でも多摩地区の西側は、ドーナツ化現象の外側に位置しているため、かつての農村の面影が残っています。昔からの形態を残した村落も見られます。

Q 過疎化が進むことで、もともと集村だった村落が散村になることはありますか？

A 基本的に、人口の減少によって村落の形状が変わることはありません。散村は、農地の間に家屋が広範囲に散らばってある景観を持ちます。したがって、一般的な面積の集村の人口が減り、仮に家屋が所々抜け落ちても、空き地が目立つ状況にはなりますが、散村と言える景観とはなりません。

質疑応答 Q&A

Q 漁村の村落空間の特徴はどのようなものですか？　農村との違いはありますか？

A 漁村にも村落空間の秩序が存在します。農村と違うのは、主な生業の場がノラではなく海であるという点です。ただ、漁船を係留する港や、共同作業をする浜のように、共同で管理をする陸上の空間もあります。また、漁村であっても、多くの場合、小規模な自家菜園があり、燃料を採取する森林もありました。これらは集落の周辺や後背地に配置されています。

Q 村落は第一次産業を主な生業とするとのことですが、第三次産業（サービス業）で経済が成り立っている村落はないのでしょうか？

A 伝統的な村落で、第三次産業が卓越するものとしては宿場町が挙げられます。村落の形態では「街村」となります。一応村落として分類されますが、その名前のとおり、様々な機能が卓越し、中心性も持つ都市としての色合いが濃い集落と言えます。現代においては、かつての山村が、宿泊業（スキー客・観光客相手のペンション・民宿経営）中心の村落に変化したところが当てはまるでしょうか。

Q　私の住む地域では、最近宅地や店舗が増えて都市化しています。あちこちで工事が行われていますが、これを再開発というのでしょうか。

A　都市化のプロセスにおいて土地整備が進められることは、再開発とは言いません。すでに都市化している場所を、もう一度整備しなおすことを再開発と言います。

Q　計画都市は、政治都市以外にもありますか？

A　計画都市とは、村落が発達して成立した都市ではなく、もともと何もなかったところに造られた都市のことを指します。ワシントンD.C.・キャンベラ・ブラジリア・長安・平城京といったような政治都市がその例としてよく知られますが、つくば学園都市のような学術都市や、多摩ニュータウンのような住宅都市も計画都市です。

Q　ニュータウンの中に職場をつくれば、長距離通勤は解決できるのではないでしょうか？

A　イギリスのロンドン近郊に造られたレッチワースなどのニュータウンは、まさにそのような発想で造られました。ニュータウン内に職場をつくり、職住近接を図ったのです。

人々が、利便性を損なわず、自然の残る環境の中で人間らしい生活を送ることができるようにという田園都市思想がその背景にありました。日本のニュータウンの多くは鉄道資本が開発を進めたため、計画の最初の段階から都市への通勤が前提になっていました。

質疑応答 Q&A

Q スプロール現象は、なぜ起こるのですか？　規制はできないのでしょうか。

A 民主国家では、基本的人権として居住の自由があり、原則として好きなところに家を建ててもよいことになっています。また、資本主義社会では、土地の売買も原則自由ですから、土地の権利も柔軟に移ろいます。このような背景のもと、都市近郊では次々にスプロール現象が進みました。

問題は、個々の住み手にとっては現状でよくとも、地域全体では不統一で雑然とした空間がつくられ、利便性も低い状況となってしまうことです。これを改善するため、現在では都市計画法などで、土地利用の規制が行われています。例えば、都市計画区域では、住宅の需給状況や景観保全といった観点から、市街地を広げる**市街化区域**と、市街化を抑える**市街化調整区域**とに分け、市街化区域の中でも細かく用途を指定しています。このような土地利用規制を進めることと並行して、区画整理を行うことで、定型の利便性のよい住宅地を整備することも実施されています。このように、使いやすく住みやすいように都市を予めデザインすることを**都市計画**と呼びます。

人生いろいろ住む場所あちこち（行動の地理学）

人の行動を見つめる

ここまで見てきたように、世の中には地理学的な分析の対象となる様々な社会現象があります。何となく、社会現象という大きな何かが実在するように思えてしまいますが、実のところ、それは一人ひとりの行動の集合体です。移民の増加も、都市への人口集積も、様々な人が「この国で働こう」「都市に住もう」と行動を起こすことから始まっています。つまり、一人ひとりの行動の特色を見ることは、社会現象をより深く理解することにつながります。そこで、第1章の締めくくりは、こうした人の行動そのものを地理学の視点から観察することにしましょう。

生活圏

皆さんは、毎日をどのように過ごしていますか？　ごく普通の平日の1日を想像してみてください。もしあなたが学生であれば、学校へ行って授業を受け、その後友達と食事をしたり、アルバイトに励んだりすることでしょう。会社員であれば、勤務先に出勤し、オフィスや工場などで仕事をこなすか、外勤であれば忙しく取引先を回ることでしょう。主婦や主夫であれば、家の中の家事を進めるのと並行して、子どもを保育園に送って行ったり、夕飯の材料を買いに行ったりするでしょう。病気であるなど何らかの事情で外出できないのでなければ、私たちは毎日、地域の中をあちこちと移動しながら暮らしています。このように、通勤・通学、買い物、余暇活動など、人が日常生活を送ってゆくうえで行動する範囲を**生活圏**と呼びます。

生活圏の広がりは、年齢や地域によって異なります。例えば小学生は、おおよそ徒歩で歩き回ることのできる小学校区ごとに通う学校が決まっています。小学校区は、小学生にとって生活圏でもあり、友達と遊ぶのも、駄菓子を買うのも、ほとんどこの中で行動が完結していると考えられます。しかし、高校生にもなれば、遠方への電車通学も一般的です。アルバイト収入や小遣いの増額などによって使えるお金も増えるので、生活圏は一気に広がり、通学のほかにも自由に広い範囲を行動するようになります。また、都会ではちょっと歩けばたいていの用事を済ますことができますが、田舎では、かなり車を飛ばさないと日用品を買うスーパーにも行き着けない場合があります。

そして、生活圏は時代によっても変化します。かつての農村では、第6節で見たムラ・ノラ・ヤマから成り立つ村落空間がそのまま基礎的な生活圏であり、そこから出るのは特別な時に限られていました。しかし、交通機関が発達し、時間距離・コスト距離ともに縮減した現在では、生活圏はより広範に広がりました。このような例を見てわかるように、一概に人の生活圏は何平方キロメートルの範囲だというように決めることはできません。

第６節で紹介した中心地理論は、生活圏にも適用が可能です。先に挙げた小学校区が最も基礎的な生活圏だとすれば、スーパーでの買い物のように毎日繰り返すような頻度の高い生活行動は、大人でもだいたいこの中で完結しています（この場合、遠方への通勤通学はひとまず置いておきます）。しかし、より大きな中心地に行って、専門的な商品を買い求めたり、映画を見たり、診察を受けたりすることもあるでしょう。このような行動も、頻度は低いものの日常生活の一部と言えます。つまり生活圏は、基礎的なエリアと、それをいくつも包括したより高次のエリアという入れ子構造になっていると理解できます。

やさぐれ花子の一日

それでは、この生活圏の中を人はどのように行動するのでしょうか。京都の太郎と遠距離恋愛中の花子に再度登場願い、彼女の1日の行動を追ってみましょう。

花子は、横浜市内にある実家から、東京都心部のキャンパスに通っています。２０１９年５月のある日のことです。朝７時、自室で目覚めた花子は、朝食を済ませ身支度を整えました。前日のことを思い出すと、気分の乗らない、やさぐれた気持ちになる朝でした。しかし、気を取り直します。7時50分のバスに間に合うように家を出て、徒歩数分の停留所からバスで鉄道駅へ向かいます。周辺は典型的な郊外の住宅団地であり、このバス路線は同じように都心に通う多くの会社員も利用しています。しかし、時間がやや遅めのため、乗り込んだバスはさほど混雑していません。続いて乗り込んだ電車も、座ることはできないものの、ラッシュというほどでもありません。吊革に掴まりながら、この日テストがある中国語のテキストを広げるくらいの余裕はありました。ただ、なかなか頭に入りません。副都心のターミナル駅で乗り換えを行い、大学最寄りの駅に着くと9時を回っています。授業は9時半からなので、少し急ぎ足でキャンパスに向かいました。

いくつかの授業を受け、16時にキャンパスを出ました。中国語のテストは散々でしたが、気を取り直して、これから家庭教師のアルバイトです。中学2年生の生徒が待つ家は、自宅最寄りの二つ手前の駅で降りたすぐ近くにあります。18時から20時の約束なので、少しだけ時間に余裕がありました。そこで、乗り換えをするターミナル駅の書店に入り、ガイドブックのコーナーに立ち寄ります。気分転換に旅行にでも行こうかと思うのですが、まったく考えがまとまりません。

家庭教師は何とかこなし、生徒の家を出るとお腹が空いてきました。家では母がご飯を作っておいてくれているはずです。再び電車とバスに乗ってバス停に降り立つと20時45分。花子の家では門限がありませんが、それでもいつもより遅くなると心配されます。気分が沈

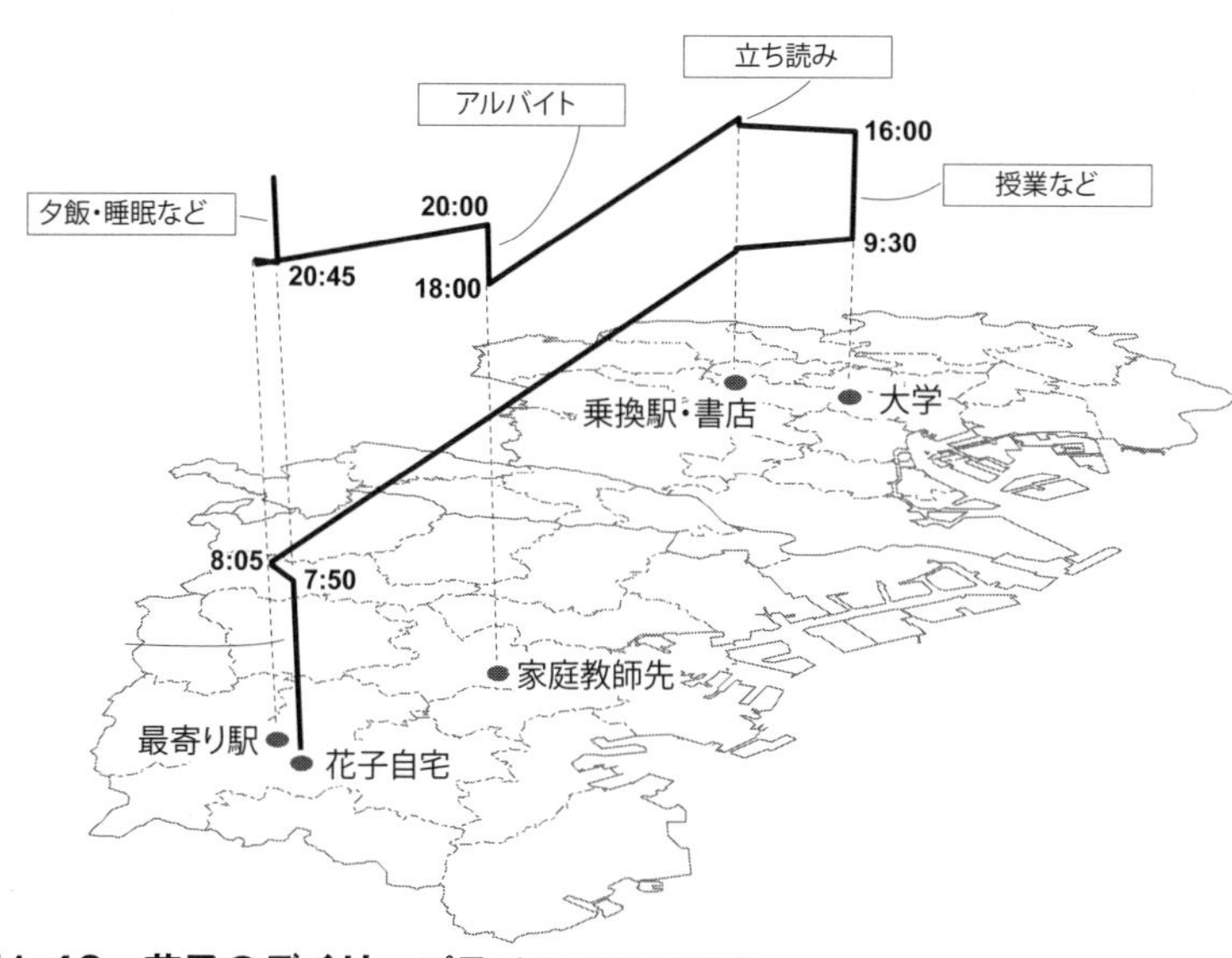

図1-40　花子のデイリーパス（2019年5月某日）

んでいてもお腹は正直です。ぐう、と鳴ってしまったので、家路を急ぎました。

デイリーパス

花子の1日の行動経路を可視化すると、図1―40のように示すことができます。地表を示す平面の上に伸びるもう一つの軸は、時間を表します。この三次元の空間は**時空間**と呼ばれ、花子の行動経路は、その中にある1本のジグザグの線として表されます。この軌跡を、時間地理学の用語では**活動パス**と呼びます。**時間地理学**とは、生活上の行動を空間の広がりだけでなく時間経過とも関連付けて分析する地理学の分野です。またパスとは、道とか経路という意味です。今回のように1日分であれば**デイリーパス**と言い、一生涯を追う場合は**ライフパス**と呼びます。

花子はこの日、朝の7時50分までと、20時45分以降は横浜市内の自宅にいました。このように、移動を伴う行動がない場合、活動パスは垂直な棒のように示されます。それは、9時半から16時まで滞在した都内のキャンパス、18時から20時まで滞在した家庭教師先でも同じです。実際には、その間も、寝室からダイニングに移動したり、授業を受ける教室を移動したりしてはいますが、今回の縮尺では無視されます。ただし、遊園地の中の移動経路など、細かい活動パスを研究する場合もありますので、意味がないわけではありません。

一方、自宅から大学までのような移動の部分は、斜めのパスとなっています。場所を移動する間に、時間も経過しているからです。徒歩のようなゆっくりとした移動は傾きが小さく（垂直に近く）なり、飛行機のような高速の移動は傾きが大きく（水平に近く）なります。仮に、テレポーテーションのような能力を持っていたとしたら、どこまで移動しても時間の経過がないので、まったく地面に並行なパスになります。

行動の制約

行動の自由が保障された社会にいれば、活動パスはどのようにでも描けそうな気がします。実際に、日本に住んでいて行動に不自由を感じたことなどないという人がほとんどでしょう。しかし、気付いていないだけで人の行動は様々な制約を受けており、活動パスはそれによって規定されています。一般的に、時間地理学では、能力・結合・管理（権威）の三つの制約があるとされます。花子の行動を例に、それらを見てゆきましょう。

能力の制約とは、人としての能力や、利用できる交通手段などから生じる制約です。例えば、人は生きていくために睡眠をとらなければいけません。夜行バスや寝台列車のように、移動しながら睡眠をとる手段があるにはあります。しかし、日常生活では、ある一地点に留まって睡眠をとることが一般的です。つまり、睡眠中の行動は制約されます。もっと言えば、食事もせねばなりませんし、身支度なども必要です。よって、自宅に留まる時間は、睡眠時間よりも長くなります。

仮に、花子が大会社の社長令嬢で、自宅から大学まで、毎日車で送ってもらえる環境であれば、もう少し家を遅く出ても授業に間に合うかもしれません。しかし、残念ながらそうではありませんので、バスと電車を乗り継ぎます。これも、能力の制約です。このように、利用可能な交通機関によって、一定時間に移動可能な範囲は大きく異なってきます。第1節で見たような交通機関の発達は、能力の制約を小さくしましたが、ゼロにはなりません。

結合の制約とは、特定の時間・場所において、特定の誰か（場合によっては物）と一緒にいる必要があることによる制約です。花子はこの日、中国語をはじめとしたいくつかの授業を受けたようですが、自らの選択ではあるものの、教員や他の受講生と同じ教室で同じ時間を過ごさなければなりませんでした。同じように、夕方に行った家庭教師のアルバイトにおいても、契約上、生徒の中学生と2時間同じ場所で同じ時間を過ごす必要がありました。これらが結合の制約です。会社員が業務時間に勤務先にいること、商談のため取引先の担当者と会議室にいること、などの例も挙げられます。小さな赤ん坊と授乳してくれるお母さんは、常に強い結合の制約を受けていることになります。

花子の履修する中国語クラスの受講者数が20人だとすれば、その授業が行われている教室において、花子のものを含めて20本の活動パスが集まっていることになります。このように、複数人の活動パスが、ある時空間上の1カ所で束になっている状態を**バンドル**と呼びます。第6節で見たように、人は群れをなす動物であり、集落という人の群れがあるという考え方をするならば、村落には少数の、都市にはおびただしい数のバンドルが常時存在すると言えます。

花子のデイリーパスは、昼間都心に集まって活動する人々が作り出す、数えきれないほどのバンドルの一つになっているとも言えます。朝、各地のベッドタウンからバラバラにスタートしたたくさんの活動パスは、一斉に都心に集合して巨大なバンドルを作ります。そして、夜にはまたバラバラにほぐれて、それぞれのベッドタウンに拡散してゆきます。都市では毎日、このように脈動するような人の活動リズムが繰り返されています。この活動パスが集合したり拡散したりする範囲が、第6章で見た都市圏と言えるでしょう。

その中で、花子のような学生の活動パスだけ取り出せば**通学圏**が見えますし、都心で仕事をする人の活動パスを抽出すれば**通勤圏**が見えてきます。その範囲は、先に挙げた能力の制約によって規定されています。

最後に**管理の制約**とは、社会的なルールや慣習によって、利用できる時空間の範囲が決まっていることによる制約です。例えば、花子は、アルバイト先に向かう途中、書店に立ち寄りましたが、この書店の営業時間は8時から22時でした。17時頃でしたから、花子は問題なく入店できましたが、仮に23時に行っても入れないでしょう。このように、特定の誰かの管理下に置かれている時空間の範囲を、**ドメイン**と言います。

書店のような店舗は誰が利用しても構いませんが、特定の人だけが立ち入れるドメインも存在します。例えば、花子の大学のキャンパス正門には、「この大学にご用のない方の立ち入りはご遠慮ください」とあり、守衛さんがチェックしています。この大学に立ち入る人が制限されているわけで、これも管理の制約です。パチンコ店は成人だけ入ることができる、店舗の倉庫には従業員だけが入ることができる、といった決まりもこの類です。スケールを大きくすれば、ある国には、その国民かビザを取得した人だけ入国できる、といった例もあるでしょう。

このように、人の行動は以上の3点で制約を受けており、活動パスはそれによってある程度規定されています。それでも、私たちが「行動の制約を受けていて不自由だ」と感じないのは、長く社会生活を営む中で、これらの制約を意識しなくなっているからです。それは、「重力があって体が重たい」とか「空気があるから前に進むのに抵抗を受ける」などと感じないことと同じです。しかし、このような制約があることを理解すると、人は一個の生物として活動の限界を持っていること、そして、社会という非常に厳格な仕組みの中に当てはめられて存在していることが意識され、面白いものです。

太郎の生きる道

（1）

1997年8月のよく晴れた暑い日、東京都多摩地域にある産院で一人の元気な男の子が生まれました。当時人口約50万人だったその街では、毎年4000人ほどの赤ん坊が生まれており、この日も十数人が各所で産声をあげました。両親は、夏の太陽のように逞しく育ってほしいという願いを込め、この赤ん坊を太郎と名付けました。

太郎は、その通り元気に育ちました。2013年、市内の中学校を卒業後し、太郎は東京都心部にある高校に進学しました。文化祭委員を務めていた高校2年生の秋、太郎は少し凝った正門の装飾に取り組んでいました。その設計のため、下校時間ぎりぎりまで粘る日々が続きました。その時に、いつも一緒に残って相談に乗ってくれた同じ委員の女子生徒がいました。花子です。文化祭の最終日、花子に交際してほしいと告げられた太郎は、面食らったものの、心のどこかで憎からず思っていたところがあり、それを受け入れました。この高校では、文化祭の盛り上がりとともに、雨後の竹の子のように多くのカップルが生まれるのですが、冬が過ぎ、学年が変わるころになると次々と解消してゆきます。その中で、太郎と花子は変わらず気持ちを保ち続け、周囲からはおしどり夫婦などと冷やかされることさえありました。

同学年だった太郎と花子は、受験勉強も二人で乗り切りました。両人とも第一志望大学に現役合格できましたが、進学先は太郎が京都、花子は都内でした。「遠距離恋愛も現代ではよくあること。離れていても一緒にがんばろう」と励まし合い、２０１６年春、太郎は京都市に引っ越していきました。

（２）

太郎と花子は、３００キロメートルの距離を超えて毎日のように電話し、会う頻度もふた月に一度は空けませんでした。新幹線による往来が、幾度も繰り返されました。

太郎はもともと理科系科目が得意なうえ、何かものを作るのが好きで、高校の文化祭で任された造形の設計も楽しかったことから、工学部の建築学科で学んでいました。最初は、建造物を造りたいと思っていました。ところが、京都と東京を何度も往復する中で、車窓に現れては流れてゆく様々な街の風景を目にし、街の設計図を引いてみたいと考えるようになりました。もっとたくさんの街を見て歩きたい。そう思った太郎は、暇を見つけては京都近郊の新しい街、古い街、様々な街を訪ね歩き、スケッチをするようになりました。行った先々のことを電話で話すと、ある時は楽しそうに、あるときは興味深そうに、花子は聞いてくれました。太郎は、その反応が聞きたくて、また新しい街に出かけたのでした。

しかし、いつの間にか太郎の街歩き活動は、花子と会う時間を少しずつ侵食していくようになりました。

決定的なことが起こったのは、2019年5月のことでした。その日、太郎は授業がなかったので、少し離れた神戸市内まで街のスケッチをしに行きました。昔、「孤高の人」と呼ばれた著名な登山家が鍛錬をするために歩き回った地域や、六甲の山々から眺めた景色を訪ねて歩いたのです。六甲山系の麓に広がる扇状地には、個性の溢れる街並みが広がっています。こうした場所を1日歩き回り、へとへとになりました。翌日は必修科目の試験もあり、寝過ごすわけにはいきません。帰宅して寝ようと思ったところに、花子から電話が入りました。花子は、明日行われる中国語のテストが不安であることとか、家庭教師の子が話す面白いうわさ話とか、早く布団に入りたい太郎にとってはどうでもよいことをつらつら話します。適当に相槌を打っていましたが、いつも以上に電話を長引かせる雰囲気があったうえ、いい加減眠くなってきた太郎は、いよいよイライラしてきて「ごめん、その話明日でいいかな」と言ってしまいました。「わかった……」と、300キロメートル彼方の花子は幾分声の調子を落として電話を切りました。

翌日、目覚めたところで重大なことに気が付きました。（昨日は彼女の誕生日だった！）

昨年は、4月末に会ったとき「誕生日に一緒にいられなくてごめん」とプレゼントも渡したのに、今年はプレゼントどころか、お祝いの言葉もメッセージも送っていません。太郎はそのとき、花子から気持ちが離れていることをはっきりと自覚してしまったのです。それから先のことは、もう語らなくてもよいでしょう。

（3）

２０２２年、太郎は大阪都心部に事務所を構える不動産開発会社（ディベロッパー）に入社しました。修士課程まで進学し、その甲斐あって希望の仕事が可能な会社に就職を果たしたのです。方々を訪ね歩き、スケッチを重ねて得た知見やフットワークも、その強力な武器となったのは言うまでもありません。就職に伴って、住居も京都から大阪市中心部に移しました。

さらに4年が経ちました。29歳になった太郎は、「子どもと一緒に公園を造る」という仕事で関わった、生き生きとした子どもたちの姿に魅せられていました。街をつくることは、将来を担う子どもたちが育つ場所をつくることだ。ならば、子どもたちともっと触れ合って、彼らの目線を理解しなければ。そう太郎は考えたのです。

そこで、太郎は子どもと触れ合える活動として、読み聞かせのボランティアを始めました。休日になると、近所の図書館に行って、ボランティアサークルの仲間と絵本を選び、子どもたちと接します。サークルには中高年の女性が多く、若い男性である太郎はちょっと浮いた格好なのですが、気にしません。むしろ、彼女たちとの交流の中で、主婦やシルバー世代の街への視点も知ることができ、一石二鳥と考えていました。

その日も読み聞かせを終えて、会議室でお茶を飲みながら、母や祖母のような年齢の女性たちと話に花を咲かせていると、ドアがノックされ、遠慮がちに入ってきた女性がいました。サークルに入会希望だと言います。太郎より幾分若い、里子さんという名前のその人は、太郎が今住んでいる町に生まれ育ち、現在も居住し、童話を書くのが趣味で、塾で国語の先生をしながらいくつかのコンクールに応募している、というのは後で知った話です。思いがけずチャーミングな若い女性が入会してきて、太郎は浮足立ってしまいました。しばらくして太郎が絵を描いていることを知ると、さらに思いがけないことが起こります。里子は、コラボして絵本を書いてみたいと言うのです。

里子の書いたストーリーに、太郎が絵を添えた絵本は、小さな文学賞の佳作に入選しました。これをきっかけに二人は交際をはじめました。太郎にとって、同じ街に交際相手がいるのは、たいそう新鮮でした。

（4）

２０３０年、太郎33歳の年、二人は結婚式を挙げました。太郎は住居を引き払い、花子は実家を出て、同じ街の中の少し大きな賃貸住宅に移りました。あくる年、長男の一郎が生まれました。里子は結婚後も同じ塾で講師をしていましたが、それを機に退職しました。さらに2年後、長女が生まれたのをきっかけに、郊外に一戸建ての住宅を建て、転居しました。そこは、太郎の会社が手掛けた住宅団地（ニュータウン）でした。太郎は、ますます仕事に励むとともに、子どもたちの育児にも積極的に関わりました。

それから17年の歳月が流れました。２０５０年のある週末、大学生になった一郎が、リニアモーターカーで東京の彼女（だと思う）に会いに行くのをリビングのソファで見送った太郎は、必死に時間とお金をつくって東京に通った、30年以上も前のことを懐かしく思い出していました。花子は今、どうしているのだろうか、と太郎は思います。花子と人生を添う道は、選びませんでした。しかしあのとき、彼女が一生懸命、街歩きの話を聞いてくれたことが、その後の人生の糧になっていることに感謝をしなければ——。太郎は読んでいた新聞から目を離し、外に広がる落ち着いた街並みにゆっくりとまなざしを注ぎました。

里子に「お茶を淹れてくれないか」と頼もうとして、太郎ははたと気付きます。そうか、今日はあいつも出かけていたんだっけ。里子は退職後もせっせと童話を書き続けています。童話とはいえ、綿密な取材が彼女の持ち味です。今日は、中国の農村を舞台にしたお話を書くために、中国人と結婚して現地で長年農業指導をしてきた日本人の講演を聞きに行くのだとか。太郎は、里子が置いていった講演会のチラシを手に取って驚きました。

図1-41　太郎のライフパス（1997年～2050年）

ライフパスとライフイベント

太郎の出生から2050年までの半生を、時空間上に描画すると、図1―41のようになります。すでに紹介したように、この活動パスはライフパスと呼ばれます。文字通り、人生の軌跡、生きる道という意味です。

人の一生は、一般にいくつかの段階に分かれており、これを**ライフステージ**と呼びます。幼年期・少年期・青年期・壮年期・老年期という身体的・精神的な発達段階で区分する例がよく知られますが、それに限りません。例えば、進学・就職・結婚・出産・退職といった人生上の大きな出来事（**ライフイベント**）を境として区切ることもできます。こうした区分は保険商品の設計や家計の長期プランを作るときによく使われますが、時間地理学におけるライフパスもよく説明することができます。

先に紹介した太郎の半生は、このようなライフステージに沿って分けて記しています。（１）は出生から高校時代まで。（２）は大学時代。（３）は就職して結婚するまで。（４）は結婚と子どもの誕生、そしてその後です。現代の日本では、この太郎のような流れでライフステージを経験する人が多いと思われます。そして、ライフステージを次に進む際に、すなわちライフイベントを契機として、転居を行うことがしばしばあります。太郎は、（１）の段階では親元の東京都多摩地区、（２）では京都市、（３）では大阪市内に居住し、（４）で結婚すると同市内の別の場所に転居し、さらに妻・里子の第二子出産を契機に大阪府郊外に再び移っています。これは、各ライフステージに適した住環境を得るためです。

ライフステージごとの住居選択に当たっては、通学先や勤務先の立地、交通機関の状況、世帯人員、地価、所得状況、さらには地域のイメージや嗜好の問題といった多岐にわたる要素が絡んできます。しかし、それでも都市化、郊外化、都心回帰といった日本全体として大きな傾向が見えるのは、おおよそで似たような行動をする人が多いからです。

図１―42は、太郎の職場がある大阪府への転入・転出状況を都道府県別に調べたものです（２０１６年、『大阪府統計年鑑』より）。これを見ると、全体として西日本との人の交流が活発ですが、とりわけ兵庫・京都・奈良といった隣接府県で顕著です。さらに、首都圏である東京都・神奈川県・千葉県・埼玉県、各地方の中心都市を擁する北海道・宮城県・愛知

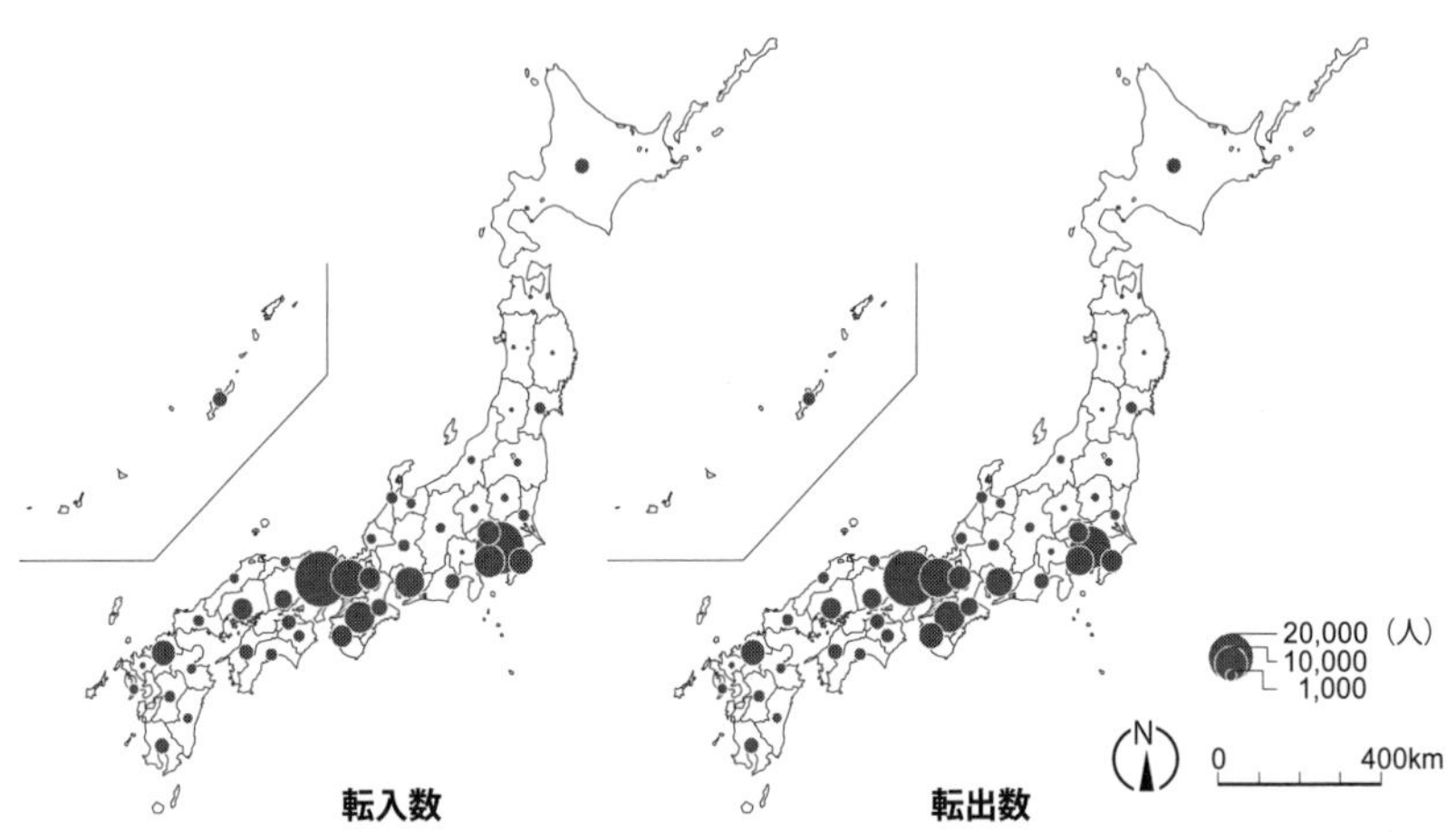

図1-42　都道府県別に見た大阪府への転入者数と大阪府からの転出者数
（2016年）
データ：大阪府統計課『平成29年度版大阪府統計年鑑』

県・福岡県などとも人の交流が活発に行われていることがわかります。これらのことは、大阪府が西日本全体の中心都市として位置づけられているとともに、支店経済都市としての色彩も持ち、本社と支社、また支社どうしの人的交流が活発であることも示しています。

太郎は大きく見れば関東圏から関西圏をまたいだ人生を送っており、関西圏への転居者として最もよくあるケースの一つと言えるでしょう。一方で、里子のように生まれてからずっと同じ街に暮らし、ライフイベントを経て転居しても、同じ都道府県内に留まるという人も珍しくありません。どんなに時間距離やコスト距離が縮減しても、地方色や地域文化というものが厳然として存在しているのは、人が土地とともに暮らす生物であり、里子のような人たちがその担い手となっているのでしょう。太郎は、どのような言葉を話すのでしょうか。また、太郎一家が正月に食べる餅は、丸いのでしょうか、四角いのでしょうか。どうぞみなさんも想像してみてください。

エピローグ

里子は、講演会場で演者の話に熱心に耳を傾けています。壇上にいるのは、ちょうど50歳になった里子と同じか、もう少し年上らしい女性。日焼けした精悍な顔が、登山家のようにも見えます。こんな人生もあるのだな、と里子はその顔を見つめます。ひたむきに行ってきた農業指導の苦労に関わる話は、いつしか彼女の若かった頃のことに移っていました。

「私が最初に中国に出かけたのは、もう今から30年も前でしょうか。まあ、気分転換の軽い気持ちの旅行でした。大学で履修していた中国語のテストが散々で、単位を落としたなんてことがありましてね。どこか海外に出かけてみようと思ったときに、そのことが頭にあって、じゃあ、本場の中国語を覚えて帰ってやる、と。まさに若気の至りというものです。たまたま食事で入ったお店で話しかけてきた人がいましてね。『你叫什么名字（ニイ・ジャオ・シェンマ・ミンズ）？』、つまり、君の名前は？　というので、『花子（フアズ）』と中国語読みで答えたら、えっ？　て顔するのですよ。失礼な、と思って睨みつけてやりましたが、それが今の夫なのです。後で知ったところによると、私の名前、花子は中国語では物乞いという意味だそうで、参りました。けれども、それをきっかけに、一気に中国が身近になった気がしたのです。

昔、夢を実現するために、徹底的に現場に行くことを実践し、私にその楽しさを教えてくれた人がいました。中国に初めて訪れた学生の頃は、私にはこれと言って夢はありませんでした。だから、何か焦りのようなものがありました。でも、何でもいいから徹底的にやってみたら、何かが変わるんじゃないかと思ってね。それからです、中国に通いだしたのは——」

まとめ

○通勤・通学や買い物といった日常生活における行動範囲を生活圏と呼ぶ。生活圏は階層構造をなして存在している。また、モータリゼーションをはじめとした交通機関の発達によって、かつてより拡大した。

○人の行動は、時空間の中に活動パスとして描くことができる。人の行動は、能力・結合・管理の各制約を受けており、活動パスはそれらによって規定されている。

○進学・就業・婚姻などライフイベントに伴う移動や居住地の選択も、人の生活行動であり、地理学が分析する対象となる。

質疑応答 Q&A

Q　花子は電車とバスで大学へ通っていましたが、もしそれが運転免許を持っていないことが理由であれば、社会ルールに基づく制約なので、管理の制約となるのでしょうか？

A　いいえ、能力の制約です。運転免許を得ることによって、車を運転する能力が生じると理解して下さい。管理の制約とは、特定の場所に対し、利用資格や利用時間の制限があることを言います。運転免許だけでなく、切符・特急券の有無のように、持ちうる交通手段に関わる制約は、能力の制約です。

Q　ある場所のバンドルが大きければ大きいほど、そこへ向かうラッシュや渋滞が起こりやすくなると言えますか？

A　はい、よい着眼点です。バンドルが大きいことは、1カ所にそれだけ多くの人が集まっていることを意味します。一般に、恒常的に大きなバンドルが生じる場所には、スムーズに人が移動できるよう、列車の増便、道路の整備といった社会施策が行われ、うまくゆけばラッシュや渋滞は緩和されます。しかし、ライブイベントや花火大会のように、一時的にバンドルが巨大になる場合は、十分な対応ができず、大渋滞や極度のラッシュが起こることがあります。

Q&A 質疑応答

Q 実際の時間地理の調査では、一人ひとりの行動をどのように調べるのですか？

A 様々な方法があります。個人の活動パスが必要な場合、調査対象者自身に移動記録をつけてもらう、同行して調査者が記録をつける、聞き取りを行う、GPS受信機を持ち歩いてもらうといった方法があります。いずれの場合も、個人のプライバシーに関わる調査ですので、被験者に十分な説明を行って同意を得ること、得たデータの取り扱いを慎重にする（個人が特定できないようにする）といった注意が必要です。なお、統計的な傾向を調べるのでよければ、既存のパーソントリップ調査と呼ばれるデータを活用することもあります。歴史地理学の分野では、歴史上の人物の活動パスを調べることがあり、その場合は、対象者の日記など古文書から行動を拾います。ちなみに、Googleが提供する「ロケーション履歴」というサービスを利用すると、（同社のOSがインストールされた）携帯端末を持ち歩いた場所が自動で記録されます。この記録はまさしく活動パスです。今日では、多くの人が自身で活動パスを記録・蓄積する時代になったのですね。そして、このような電子化された膨大な量の活動パスを収集し分析すれば、これまで見えなかった社会の形が浮かび上がるのかもしれません。

Q 渡り鳥や回遊魚のような生物の移動も時間地理学で扱うのですか？

A

生物の移動は、生物学の一分野である動物行動学が扱います。近年ではバイオロギングと言って、動物に小型GPSを取り付け、その行動の特性や環境との関わりを詳細に明らかにする研究も行われています。地表面を移動する行動は、当然地理学でも扱います。獣害を引き起こすサルの行動を調べたり、放牧されている家畜の移動を調べたりする例があります。しかし、これらの研究を時間地理学に分類することは一般的ではありません。時間地理学の対象はあくまで社会の中で行動する人間です。その意味で、時間地理学（そしてその上位の区分である行動地理学）は、「ヒトを対象とした動物行動学」と言えるかもしれません。

第2章

社会の課題に取り組む地理学

1 充実した余暇を過ごす（観光の地理学）

余った暇な時間、自由を許された時間

皆さんは余暇をどのように過ごしていますか？　テレビを見たり、友人と語らったり、スポーツや趣味に興じたりと、きっと楽しい思い出や計画が頭に浮かぶでしょう。しかし、余暇という文字に注目してみると、あまり楽しいイメージは湧いてきません。読み下せば、「余分で暇な時間」なのですから。実際、余暇を定義づけると、「人に与えられた時間の中で、どうしても必要な時間を除いた残りの時間」となります。もう少し詳しく言えば、仕事や家事、また食事・睡眠など生命維持に必要な行動をする時間を除いた時間です。

わかりやすい表現ですが、私はこの日本語をあまり好きになれません。「余」は、主ではなく明らかに従であり、無くてもよいという考えに行きつきます。そして「暇」も偏見に満ちています。英語では、余暇をレジャー（leisure）と言います。日本語でレジャーというと、レジャーランドやレジャーシートのように、余暇活動という意味になりますが、もともとは活動の意味を含みません。フランス語から入ってきた言葉で、「（自由を）許され

ている」というほどのニュアンスだそうです。ライセンス（license）も同じ語源です。車の運転などを許されている、というわけですね。英語のレジャーには、日本語とは逆に、その時間を積極的に活かそう、大切にしようという心意気が感じられます。

日本人の余暇の時間は、少しずつ増えています。政府による社会生活基本調査によると、１９８８年に週あたり平均６時間２分だったものが、30年後の２０１６年には６時間22分と20分間伸長しました（調査対象者：１９８６年は15歳以上、２０１６年は10歳以上）。家電製品の普及や週休二日制の実施などがその背景にありますが、せっかく増えたものを充実させないことには、積極的に楽しめるはずの「レジャー」が無為な「余暇」になってしまいます。ワーク・ライフ・バランスが日本社会の課題となっている現在、ライフの中の余暇の部分もしっかり注目すべきでしょう。ここでは、余暇の利用を地理学の目で眺めてみることにしましょう。

片雲の風に誘われて

余暇に行われる娯楽的活動を**レクリエーション**（recreation）と言います。もともとは、再び（re）創り上げられる（creation）という意味であり、それを通じて仕事や日常の疲れを癒し、心と体を元通り回復させるという含みがあります。

レクリエーションには、音楽鑑賞・読書・ホームパーティー・ガーデニングのように自宅に居ながら行うものもありますが、公園でスポーツをしたり、飲食店で飲み会をしたり、季節によってはお花見や紅葉狩りをしたりと、自宅とは異なる場所に移動して行うものもあります。さらには、散歩やドライブ、ツーリングのように、移動そのものをレクリエーションとする場合もあります。このように、レクリエーションの多くは移動を伴って実施されます。

そして時には、日常の生活圏を離れ、非日常を味わうレクリエーションを行うこともあるでしょう。このようなレクリエーションを、ここではまとめて**観光**（tourism：**ツーリズム**）と呼ぶことにします。多少違和感があるかもしれませんが、スキーや登山、海水浴のように、体験やスポーツを主体とした生活圏外で行われるレクリエーションも観光に含めます。統計上では、こうした行動のうち、日帰りの場合を**行楽**、宿泊を伴う場合を**観光旅行**と分けて呼ぶことがあります。また、観光と**旅行**は意味が重なる部分がありますが、旅行のほうがより広い概念で、出張や冠婚葬祭への出席のように、レクリエーションではない活動を含みます。観光・旅行・行楽・ツーリズムといった用語の意味は必ずしも一定しておらず、様々な定義が示されていますが、この本ではこのように整理しておきます。

観光行動の実態を探るため、再び政府による社会生活基本調査を見てみましょう。２０１６年の調査では、1年間に行楽を行った人は59・3％、国内の観光旅行を行った人は48・9％でした。海外に観光旅行をした人も7・2％います。この数字を見るとわかるように、観光は大

図2-1　道祖神（2006.1　長野県）
古い街道を歩くと出会う、様々な表情の石仏や道祖神は、私たちを旅に誘うだけでなく、その場所の歴史の積み重ねを伝えてくれる。

多数の国民が行う余暇の代表的活動と言えます。行き先の嗜好はいろいろとあっても、観光自体が嫌いという人はまずいないでしょう。

松尾芭蕉は、いつの頃からか、「片雲の風にさそはれて、漂泊の思ひやまず（ちぎれ雲を運ぶ風に誘われて、各地をさすらいたいという気持ちが湧き出して止まらず）」旅を重ね、そしてまた「そゞろ神の物につきて心をくるはせ、道祖神（図２―１）のまねきにあひて（人をそわそわさせる神様に取りつかれて落ち着かないし、旅先の路傍にある道祖神にはやく来いと誘われているようにも感じられて）」奥の細道の旅に出ます。文学者特有のちょっと極端な表現ですが、それに多くの人が共感するのは、時代を経ても、片雲の風に誘われ、そぞろ神に取りつかれ、道祖神の招きにあう心を誰もが持っているからに違いありません。

観光地とは何か？

観光をするにあたり、どこに出かけ、何をしなければならないという決まりはありません。社会的ルールの範囲内であれば、誰が何と言おうと、自分が行きたいと思う場所に赴き、好きなことをすればいいのです。しかし、「**観光地**に行くことが観光だ」と思っている人が多いのではないかと思います。

それは、有名な観光地に行き、ガイドブックにある名所を訪ね、記念写真を撮り、焼き増しして同行者に配り（……というのはちょっと古いですね。近年はインスタ映えする写真を撮りSNSで友人に自慢し）、旅館でくつろぎ、名の知れた名物を土産に買う、という行動が、これまでの日本人の一般的な観光だったからでしょう。あらかじめ用意されている観光地の中から予算と日程に合ったものをチョイスし、旅程を組み立てることは、レストランでメニューを選ぶように手軽ですし、パッケージツアーというお任せコース料理にすることも可能です。

それでは、観光地とは何でしょう。それは、**観光資源**が存在し、それに引き付けられた人々が観光を目的として集まってくる場所です。ここでいう観光資源とは、人々が余暇を費やして、それを見に行きたい、体験したい、と感じさせるものを言います。その内容によって、大きく自然的観光地と、人工的観光地とに分けることができます。自然的観光地は、山や湖、海といった自然の美しさや壮大さなどが主な観光資源となる場所で、日本では富士山周辺地域や沖縄のサンゴ礁海域、海外では米国のグランドキャニオンや豪州のグレートバリアリーフなどが当てはまるでしょう。人工的観光地は、歴史的由緒や、優れた文化、また、博物館やテーマパークが主な観光資源となる場所で、日本では奈良・京都や舞浜のディズニーリゾート、海外では中国の北京（万里の長城・紫禁城）やロンドン（大英博物館・ビッグベン）などが当てはまるでしょう。また、両方の性質を持ち合わせている観光地もあります。例えば温泉地は、温泉という自然の観光資源に、入浴施設や街の風情といった文化的要素を加えたものです。棚田景観や熊野古道などの旧街道も、そのような例の一つと言えるでしょう。

多くの観光地には、いくつもの見どころ（観光スポット）が集積しており、観光客はそれらを訪ね歩きます。鉄道やバスといった交通機関も、こうした観光客の流れを踏まえて運行されています。さらに、彼らに食事を提供する飲食店や宿泊のためのホテル・旅館・民宿等も多く立地しています。このように観光地では、通常の地域とは少し異なる人の動きや、産業・景観が見られます。これが都市であれば、観光保養都市と呼ばれます。

京都・奈良のような集客範囲が世界レベルの観光地がある一方で、国内レベル、さらには地域レベルの観光地もあります。このように、観光地はいくつかの階層をもって存在してい

図2-2　旭山動物園の行動展示の一例（2009.9　北海道旭川市）
オオカミの目線で、間近にオオカミの行動を観察できる。

ると考えられますが、それは固定されたものではありません。

ブームはやや落ち着きましたが、北海道旭川市の旭山動物園は、押しも押されもせぬ著名な観光スポットです。しかし、当初は客入りの少なさに悩む街の小さな遊園地でした。それが、映画やドキュメンタリー番組を通じてよく知られているように、行動展示（図2－2）を目指した施設の斬新なリニューアルと強力なプロデュースによって、日本全国はもちろん、アジア各国からも観光客が訪れるようになったのです。このことにより、旭川の観光地としての地位は、かつてないほどに引き上げられました。一方、宮崎県の日南地域・青島地域は１９６０年代、新婚旅行のメッカと呼ばれ、日本各地から幸せな新婚者が集まってきました。皇族が新婚旅行地に選んで話題を呼んだこと、植栽されたフェニックス（カナリーヤシ）に象徴される南国情緒、沖縄がまだ返還されていない時代、実際に日本最南にほど近い場所であったという非日常性などが、その背景にあったとされます。しかし、沖縄が返還されるとともに、ハワイやグアムをはじめとした海外挙式も一般化した現在では、静かで落ち着きのある観光地に戻っています。

このように観光地が盛衰する背景としては、第一に観光資源の魅力の変化が挙げられます。しかし、それだけとは言えません。最初にお話ししたように、観光旅行だからといって、敢えてお仕着せの観光地に行かなくてもいいのです。それぞれが見て、また、体験して満足することができるなら、それが観光なのですから。それでも、皆が同じ場所に行こうと熱を帯びるのは、「皆が行くところに行けば、外れがないだろう」「周りに『あそこに行ってきたぞ』と自慢できるだろう」といった心理が働くからです。ですから、その熱が冷めれば、日南・青島の例のように、観光資源の質は変化していないのに、人はそこから少しずつ遠ざかってゆくのです。こうした点で観光地は、人々の大衆心理によって作り出されているとも言えそうです。それは、ファッションの流行と同じです。

江戸期にもあった総合観光業

現在、観光地と呼ばれる場所の起こりを調べると、実に多様です。その中でも由緒のある観光地は、はるか江戸時代以前から発達していました。

日本では江戸時代に、現代の観光につながる庶民の旅が普及しました。移動の自由が制限された中で、例外的に許容されていた社寺参詣や湯治などにかこつけた旅が、盛んに行われたのです。この中で、街道の**宿場町**や社寺の**門前町**が発達し、また、各地に温泉地が生まれました。当時すでに旅行案内書も豊富に出版されていたと言います。今日の日本人の代表的余暇活動が観光である背景には、このような歴史的な下敷きがあります。

ですから、日本の観光地の中には、伊勢や熊野、富士山のように、信仰を背景に古くから人を集めていた場所がしばしばあります。こうした場所には、御師（地域によって「おし」あるいは「おんし」）と呼ばれた、神仏と参詣者を取り持つ仕事をする人がいました。例えば、富士山信仰の拠点であった吉田（現在の山梨県富士吉田市）の富士浅間神社に通じる表通りには、御師の家々がところ狭しと軒を連ねていました（図2－3、2－4）。こうした御師たちの活動を見ると、お祓いをはじめとした神官の役割を果たすだけでなく、参詣者の宿所や食事を提供するとともに（旅館経営）、強力（ごうりき）（ポーター）の手配、草鞋・綿入れ（防寒着）など登山用具の販売やレンタル、道案内（登山ガイド）まで行っていました。つまり、現在で言うところの総合旅行業でもあったのです。さらに、登山者のいない冬季には江戸へ赴き、富士講信者へお札を配りに行く活動も行っていたと言います。これなどは、現在の旅行業者がパンフレットを持って営業に回る姿を彷彿とさせます。富士吉田の街は、今でも御師の住

図2-3、2-4　富士吉田市の街並み（2011.10　山梨県富士吉田市）
間口が狭く、奥行きが長い短冊状の区割りが現在でも残る。現在も宿泊施設が多く、江戸時代の宿坊を起源とする由緒ある施設もある。

宅が立ち並んだ当時の区割りが残っており、何百年も前の御師の旧宅が博物館施設として見学可能です。

一方で、明治以降に発達した新興の観光地もあります。その一つとして、技術指導などを目的として日本にやってきた外国人や資産家のための避暑地・別荘地が挙げられます。それらは、もともと観光地でもなんでもなかった山岳地域や高原、海浜地域を開発して造られたものですが、これこそが日本の近代的観光開発の端緒と言われます。軽井沢や上高地、宮城県の七ヶ浜などがその代表的なものです。

さらに、戦後、高度経済成長期を経て観光が大衆化すると、東京ディズニーリゾートやハウステンボスをはじめとする**テーマパーク**が各地に建設されるようになりました。それらを中心として宿泊施設等が建設され、テーマパークの所在地は新しい観光地としての様相を示すようになりました。

こうしたテーマパークや遊園地の開発には、ニュータウンの造成と同様に、顧客を増やしたい私鉄が大きく関わってきました。例えば愛知県では、名古屋鉄道（名鉄：県内に鉄道網を持つ大手私鉄）が沿線開発の一環としてテーマパークやレジャー施設を造成しました。犬山市の明治村・日本モンキーパーク・リトルワールド、美浜町の南知多ビーチランド・杉本美術館、南知多町の内海フォレストパーク（２００３年閉鎖）などがそうした施設群で、名古屋圏に住んでおいでであれば、一度ならずとも家族で訪れた人が多いのではないでしょうか。

高度経済成長期にはまた、スーパー林道などの山岳観光道路や大規模なスキー場もあちこちに建設されるようになり、それまで静かな山村だった場所が急速に観光化してゆく現象も見られています。１９８７年に制定された**総合保養地域整備法**（リゾート法）は、こうした動きを後押しするかに見えましたが、自然破壊を助長するとの批判に晒され、また、バブル崩壊後は苦しい経営を強いられている例も多く見られます。

ゆっくり滞在するか、あちこち見て回るか

欧米では、早くから余暇活動が生活の一部として定着しています。サラリーマンに与えられる有給休暇の日数も多く、夏季やクリスマスなどに長期（数週間）のまとまった休み

を取得することが一般的です。特にフランスでは、法律によって最大5週間の休暇を取得できるよう定められており、これを使った長期休暇は**バカンス**と呼ばれています。

長期休暇の過ごし方は人それぞれですが、家族で**保養地（リゾート）**に出かけ、その場所でのんびりと過ごすことが多いと言われます。ここでいう保養地とは、あちこち名所旧跡を見て歩くタイプの観光地とはやや異なり、気候が温和で、ゆっくりと滞在しながらスポーツやアウトドア活動などを楽しむ場所のことです。南ヨーロッパには、カンヌ・ニース・バルセロナなどの名の知れた保養地が数多く存在しています。このような欧米における余暇の観光行動を**長期滞在型**と呼ぶことがあります。

先に紹介した、日本の上高地や軽井沢は、こうした習慣が外国人技術者らによって日本に持ち込まれた結果、新たに開発された場所と言えるでしょう。ですが、後に日本でリゾートと呼ばれることになるテーマパークや温泉地などは、本来のリゾートとはかなり異なる利用をされています。なぜでしょうか。

それは、日本では、欧米のように長期間休暇をとる文化がないからです。盆や正月、また祝祭日の連なった5月の大型連休などに、一斉に1週間足らずの休みを取ることがせいぜいでしょう。有給休暇をつなぎ合わせれば、欧米流ののんびりした余暇行動もとれないことはありませんが、そんなことをすると、たいていの勤め先ではひんしゅくを買ってしまうでしょう。盆や正月も帰省（どちらかというと余暇というよりも家事）に費やされることが一

図2-5　佐久島のクラインガルテン（2013.8　愛知県西尾市）
三河湾に浮かぶ佐久島では、島おこしの一環としてクラインガルテンを開設し、人を呼び込んでいる。

般的ですから、家族や友人と自由に真の余暇を過ごせる期間はほとんど細切れにしかないことになります。そこで、よく言われる「安・近・短」のテーマパークや温泉地がよく利用されることになります。数泊の旅行をする場合も、特定エリアの観光地をはしごしつつ、名所を急いで見て回るようなせわしないものになりがちです。こうした観光行動を**短期周遊型**と呼び、長期滞在型とよく比較されます。

日本でも大手企業では、リフレッシュ休暇などの呼称で、勤続年数に応じた長期休暇制度を整えるところも出始めていますが、まだ稀です。それでも、近年少しずつ長期滞在型の観光行動が増え始めています。その主な担い手は、定年退職後の高齢者です。少子高齢化の中で増えているこの世代では、ロングステイと呼ばれる滞在型の海外旅行に出かけたり、クラインガルテン（図2－5）と呼ばれるコテージ付きの市民農園で畑仕事をしたりといった過ごし方が注目されるようになり、定年後の新しいライフスタイルとして受け入れられるようになってきています。

マスツーリズムがもたらしたもの

観光はかつて、時間とお金に余裕のあった富裕層が行うものでした。江戸時代になると、庶民にも観光が普及してはきましたが、「お伊勢参りが楽しかったから、来年もまた行こう」などということは、とてもできませんでした。庶民の手に届くようになったといっても、時間的にも、費用的にも、一生に一度という程度の贅沢だったのです。それは、現代の私たちが、世界一周旅行をするようなものだったと言えます。

それが高度成長期以降、一変します。社会の安定や所得の増加、また時間距離やコスト距離の縮減に伴い、観光はたいていの人が繰り返し行うことのできる身近な余暇活動としての地位を確立しました。この流れの中で、テーマパークやスキー場、観光道路などを造成する観光開発が進みました。観光産業が大きく伸張すると、観光業者はあの手この手を使って人々を観光へ誘おうと躍起になります。このようにして大衆化した観光を**マスツーリズム**と呼びます。マス（mass）とは、マスコミのマスと同じで、大量とか集団といった意味です（養鱒場で釣りをしたり、川魚を食べたりする観光のことではありません）。

図2-6　人で溢れかえる富士山頂（2010.8）
日本国内はもちろん、海外からの登山者も増加し、富士山登山道や山頂はオーバーユース状態となっている。

観光が大衆化すると、旅行会社が催行する手軽な**パッケージツアー**が普及しました。日本でマスツーリズムといった場合、こうした団体観光そのものを指す場合もあります。一般的なパッケージツアーでは、申し込んでお金さえ払えば、有名観光地の名所旧跡を一通り回ることができ、名物料理も堪能できます。観光地にとっても、コンスタントに客を運んでくれるこの方式はありがたく、ウィンウィンの関係となっていました。しかし、いい面ばかりとはいえません。

まず、有名観光地への一極集中は、その場所の渋滞や騒音を引き起こしました。観光客の中には、「旅の恥はかき捨て」とばかりにマナーの悪い人もいます。観光地とはいえ、そこを日常の生活圏とする人々が居住しています。大量に観光客が押し掛け

図2-7、2-8　北海道利尻山のトイレ（2008.9　北海道利尻富士町）
登山道の途中にあるトイレを使用する際は、ふもとの売店で購入した携帯トイレを便器にセットして用を足し、自分でふもとまで運んで廃棄する。

ると、こうした人たちの日常が時に蝕まれ、軋轢を生むようになりました。

自然的観光地の場合、マスツーリズムは**オーバーユース**（過剰利用）と呼ばれる自然環境への悪影響をもたらしました（図2－6）。自然的観光地のある山岳地域や離島の多くは、本来、人が生活するためのインフラがないか、あっても脆弱な場所です。そこに、大勢の人がやってくるのですから、ゴミやし尿の処理が追いつきません。観光道路が建設されれば、その建設による生態系のダメージに加え、排気ガスが追い打ちをかけました。従来からあった登山道も、許容量をオーバーして人で溢れかえるようになりました。そうすると、すれ違いのためや、花や野生生物を撮影するために登山道を外れる人が続出し、植生が踏圧で衰退する被害も生じました。

そこで、マイカー規制や入域制限を行う、ゴミの持ち帰りを徹底するといった対策がとられるようになりました。現在では、北海道の利尻山のように、携帯トイレを利用した「し尿の持ち帰り」を求められる場所さえあります（図2－7、2－8）。しかし、それでも多くの人気の観光地は、ひっきりなしに訪れる観光客によって、自然美を楽しんだり心身を休めたりといった本来の機能を損なってしまったのです。

エコツーリズムとグリーンツーリズム

こうした反省から、1980年代頃からマスツーリズムにとって代わる観光が模索されるようになりました。それらを総称して、**オルタナティブツーリズム**と呼びます。オルタナティブ（alternative）とは「代わりの」という意味の英語ですが、それ自体には具体性がありません。「どんなふうにマスツーリズムから代わるの？」という疑問に答えるため、近年では**サスティナブルツーリズム**、すなわち持続可能な観光という言葉も普及してきました。こうした新しい時代の観光の代表として、**エコツーリズム**が挙げられます。

エコツーリズムとは、地域の自然環境や文化を観光資源として、それらの保全と持続的な発展に配慮した観光です。エコツーリズムのエコはエコロジー（ecology：生態学）のエコであることから、「自然環境を見たり体験したりする観光」と短絡的に理解されることがありますが、これは二つの意味で正確ではありません。

まず、自然環境だけでなく、それに育まれ、自然環境と不可分の存在である文化も、エコツーリズムの対象となります。また、こうした観光資源の保全と持続的な発展という部分が最も重要であり、この理念を伴っていなければ、自然を観光対象としていてもエコツーリズムではありません。自然や文化を破壊しないのはもちろんのこと、観光客がそれら観光対象のうわべだけを見るのではなく、関心を深め保全への理解が進むものであることが、エコツーリズムの要件と言えます。

また、エコツーリズムというと、小笠原諸島や屋久島など、いわゆる秘境と呼ばれるような場所で行われるようなイメージがあります。こうした場所はエコツーリズムの先進地域でもあり、その好例と言って誤りではないのですが、次の項で見るように、身近なちょっとした自然や文化も、エコツーリズムの対象になります。

ところで、エコツーリズムとよく混同されるものに、**グリーンツーリズム**があります。これも、サスティナブルツーリズムに分類されるもので、近年盛んになっていますが、エコツーリズムとは目的や内容がやや異なります。グリーンツーリズムは、農山漁村の産業を対象にした観光で、農村の場合はアグリツーリズム、漁村の場合はブルーツーリズムと呼ぶ場合もあります。直売所に立ち寄って新鮮な農産物・海産物を手に入れたり、果物狩りをするといった従来型の農山漁村観光に加え、農家に滞在して田植えなどの農作業を体験したり、地元の食材で料理を作ったりといった、従来は観光として行われてこなかった活動も含んでいます。

これが今日興隆している理由として、二つのことが挙げられそうです。まず、人口の比重が都市に大きく偏った現在では、農山漁村を見ることや一次産業を体験することが、多くの人に新鮮さを感じさせるものとなったという、利用者（観光客）側の意識の変化です。多くの人が農山漁村で暮らし、一次産業に従事していた時代には、「なんでわざわざ余暇に田舎に行って農作業をしなくてはならないのだ」と、見向きもされなかったでしょう。もう一つは、都市と農山漁村の交流を促進することで、地方の振興に結びつけたいという受け入れ側の思惑です。次の節でお話しするように、農山漁村は活力を失った地域が多く、グリーンツーリズムを経済の活性化や、潜在的な移住者へ地域を知ってもらうためのツールとして活用している例があります。

エコツーリズムとグリーンツーリズムは、このように内容の違いはありますが、親和性を持った観光の形です。例えば、里地・里山を利用した伝統的で自然環境保全にも意義のある農業を実践している地域があったとします。その地域の農家に滞在して、農家の助言を受けながら雑木の伐採や堆肥作りを体験し、ついでに林地や畑地の生きものとの出会いを楽しむといった行動は、エコツーリズムであると同時に、グリーンツーリズムでもあります。ところが、日本政府は両者を積極的に後押しする政策を打ち出しているものの、エコツーリズムは環境省が、グリーンツーリズムは農水省が所管となり、根拠となる法律も「エコツーリズム推進法」「農山漁村余暇法」と分かれています。

日常生活も観光資源!?

環境省などが主催する第９回エコツーリズム大賞（２０１４年）を受賞した「針江生水の里」（滋賀県高島市）の取り組みを例に、サスティナブルツーリズム、特にエコツーリズムの考え方を、もう少し具体的に見てみましょう。

針江集落は琵琶湖に流れこむ安曇川のもたらす伏流水に恵まれ、地面にパイプを差し込むと、どこでも清廉な湧き水を得ることができます。生水と呼ばれるこの湧き水は、集落の多くの家庭に引き込まれ、飲み水や炊事などに使われています。このシステムや設備は川端と呼ばれ、古くから針江の文化として伝えられてきました。２００４年に、ＮＨＫがドキュメンタリー番組としてこの川端文化を紹介すると、多くの人がそれを一目見ようと針江を訪れるようになりました。ちょうど、愛・地球博を翌年に控え、「自然との共生」や「里山文化」が興味を持たれた時期でした。自然環境の中で育まれた川端という独特の風習や設備が、その時代背景の中で唐突に観光資源として注目されたのです。

困ったのは針江の人々です。もともと針江は観光地ではありません。人々が静かな日常を営む、日本各地にある小さな集落の一つです。川端は、その性格上、個人宅の敷地内にあります。集落内を見ず知らずの人が毎日うろうろし、場合によっては家の中を覗きこまれるとなれば、落ち着いた生活は望むべくもありません。しかし一方で、こうした観光客の存在によって、針江の人々は、変哲のない川端のある自分たちの日常生活が、多くの人々の関心を寄せるほどに魅力を持った貴重な文化であることを理解したのです。そこで、観光客を追い払うのでもなく、また、マスツーリズムの餌食とされるのでもない、第三の道が探られました。

それが、住民による川端のエコツーリズム化でした。地域の暮らしや、生水の自然環境を持続的に維持しつつ、観光客との共生を図ったのです。２０１９年現在、集落と川端の見学は完全予約制で、地域住民のガイドが同伴することが前提となっています。私が訪ねた２０

16年には、集落の中央にある案内所に、次のような掲示がありました。

「ここは観光地ではありません（※）。生水（清水）の恵を受け、自然とともに暮らしている生活の場です。私たちの暮らしを知っていただくために、散策は必ず地元ガイドと一緒に見学カードを身につけた状態でお願いします。（中略）ガイドを伴っておられない方には、目的をお訪ね［原文ママ］するとともに、場合によっては区外に退去をお願いすることもありますので、ご理解をお願いいたします」

なんとなくつっけんどんな印象を持ってしまいますが、これも、観光と生活のサスティナビリティ（持続可能性）を守るためです。実際に、川端をめぐるツアーに参加してみれば、抜群のホスピタリティをもった上質のツーリズムであることがわかります。針江在住者であるガイドの女性は、見学を許されている家を一つ一つ回り、場所によっては庭だけでなく家の中にまで入って、川端の特徴や生活を案内してくれます。単に川端を物珍しく見学するだけでなく、湧き出す水を飲ませてもらったり、使用される洗剤にも気を遣っていることの紹介を受けたり、ツアーのプログラムは川端の文化と保全に自ずと関心が向くように工夫されています。さらには、集落内にあるつくだ煮や鮒ずし、豆腐を売っている売店もコースに含まれており、生水に関わりの深いお土産も求めることができます。つまり、観光客による経済循環が考慮されており、その意味でも持続的です。ツアーの所要時間は2時間と限られていましたが、参加してよかったと心から感じさせるものでした。

日常生活や、その中で使用される施設が観光資源となっている点で、針江の事例に特異な印象を持つ方もいるかもしれません。ところが、実のところこのような例はさほど珍しくありません。例えば、世界遺産にもなっている白川郷や五箇山の合掌造り集落、重要伝統的建造物群保存地区である沖縄県竹富島の赤瓦集落などは、実際に地域の人たちが住んでいる村や建物そのものが観光資源です。ニューヨークや東京の都心部のビル群といったものも、大きく見ればそのような例でしょう。農山漁村に住む人たちが、人々の忙しく働く都会の風景を眺め、都会的生活を体験するという観光形態も成り立つのですから。

針江の場合、生水という自然環境とそれに育まれた川端という独自の文化が関わることで、特にエコツーリズムとして注目されています。しかし、人々が暮らす地域の日常をかき乱さずに、その生活のありさまを見て体験する、そして地域の発展や経済にも貢献するという考え方は、エコツーリズムに限らず、すべての観光において重要なヒントを与えていると感じます。

※エコツアー主催者は、この文面にあるように「針江は観光地ではない、また、今後も観光地にしたくない」と主張しています。一方、この本では、川端という観光資源が存在し、エコツアーが行われていることから（広義の）観光地と考え、そのように扱っています。これは、あくまで観光地という用語の定義の違いに基づくもので、エコツアー主催者の、大勢の人が無秩序に訪れる場所にしたくないという考えを否定するものではないことを、お断りしておきます。

お墨付きの場所に行きたい

ところで、サスティナブルツーリズムに限らず、観光の対象となる場所は、何らかの権威ある機関によって自然科学的、また文化的・歴史的な価値が認められ、その保全が進められている地域としばしば重なります。

水戸黄門や遠山の金さんを例に出すまでもなく、日本人は「権威のお墨付きが好き」と言われます。それは、「そのような場所は、行って、見て、体験する価値がある」と人々に感じさせるからでしょう。先に紹介した針江でも、訪れる人の動機は「日常生活で使われている独特の施設を見る」というだけでなく、「NHKのドキュメンタリーで放映され話題を呼んだ場所に行く」「エコツーリズム大賞を受賞したガイドツアーを体験してみる」といったものが多分に含まれているでしょう。このことは、実施団体のウェブサイトに書き込まれたサイト管理者の「昨年日本遺産の構成要素の一部として選定された事も有り、昨年を上回る見学者の方と各メディアのみなさまにお越し頂きました」との記述からもわかります（２０１６年に掲示板に書き込まれたツアー参加者のコメントへの返信）。

そのような観光と結びつきのある「お墨付き」のいろいろを、日本の自然的観光地を中心に少し眺めてみましょう。政府が２０１３年に行った世論調査（国立公園に関する世論調査）によると、中でも国立公園と世界自然遺産の認知度はすこぶる高くなっています（順に90・4％、85・2％）。

図2-9　自然公園発祥の地、ヨセミテ国立公園（2013.9　米国カリフォルニア州）
世界で最も古い国立公園は1872年に指定された米国イエローストーン国立公園であるが、その考え方の源流は、1864年に州立公園に指定されたヨセミテまで遡る。

国立公園とは、国を代表する広大な自然景観が残存する地域を指定し、その景観を保全するだけでなく、国民の誰もが保養などを目的として利用できるように整備した場所のことを言います。このように、国立公園はそもそも「利用」と「保全」の両方の目的を持つ、まさにサスティナブルツーリズムにうってつけの場所と言えます。もともとは、１８００年代の末にアメリカで生まれた制度ですが（図２－９）、昭和初期に日本でも法整備が行われ、導入されました。現在は自然公園法という法律に基づき、２０１９年現在34カ所が指定されています。なお、同法では国立公園のほか、国定公園や都道府県立自然公園といったその他の自然公園も規定していますが、認知度は国立公園に比べるとやや劣ります。

図2-10　屋久島の森林（2006.9　鹿児島県屋久島町）
ウィルソン株の内部より望む。

世界遺産は、人類にとって普遍的な価値を持つ世界中の自然や文化（を体現する不動産）を選定・指定し、それを特定の国や民族だけでなく、世界的な枠組みで保全していこうという仕組みです。ユネスコ（国際連合教育科学文化機関）によって認定が行われており、自然遺産・文化遺産・複合遺産の３分類があります。２０１９年現在、世界で１０００件以上が登録されていますが、日本では自然遺産４件、文化遺産19件が登録されています。先に紹介した世論調査の結果を見ても明らかなように、世界遺産への登録は、観光客の獲得と大きく関わっています。先の世論調査で、行ってみたいと答えた割合は、国立公園が47・４％であるのに対し、世界自然遺産は70・２％にも上っていました。登録への働きかけが白熱する理由の一つは、観光客来訪による地域への経済効果が計り知れないからです。果たして、世界遺産登録後の屋久島（自然遺産：図2―10）や富士山（文化遺産）には、非常に多くの観光客が押し寄せ、本来の目的からすれば疑問符が付くような状況が生じました。世界遺産は、観光のためにあるのではなく、あくまでも人類共通の遺産の保全を目的とした制度であることを踏まえ、場合によっては何らかの利用制限が必要なのかもしれません。

一方、これらに比べると認知度はまだまだですが、観光に利用されている認定の制度がいくつかあります。ユネスコによるジオパーク（先の世論調査における認知度は25・6％）とエコパーク（同17・0％）は、そのようなものの一つです。

ジオパークは、特徴的な地形学的・地質学的な資源を有している場所を認定し、それらと関わりの深い歴史文化を含めて維持保全するとともに、観光をはじめとした地域振興に役立てる仕組みです。「ジオ（geo）」は地球や大地を意味する英語の接頭辞であることから、「大地の公園」とも訳され、このような地形・地質的資源を見学・体験する観光をジオツーリズムと呼びます。ユネスコが認定する「世界ジオパーク」と、日本ジオパークネットワークが認定する「日本ジオパーク」とがあります。2019年現在、日本には世界ジオパークが9地域、日本ジオパークは世界ジオパークを含む43地域が認定を受けています。よく知られているところでは、山陰海岸ジオパーク（鳥取砂丘など）、阿蘇ジオパーク（阿蘇山など）があります。

ユネスコエコパークは、正式名称を生物圏保全地域と言います。ユネスコが進める「人間と生物圏計画（ＭＡＢ）」と呼ばれる活動の中で指定を受けた保護地域で、生物多様性の保全と持続可能な発展との調和をいかに進めるべきか、調査研究が進められています。世界自然遺産があくまでも自然環境の保護を第一とするのに対し、ユネスコエコパークは、人と自然の調和に力点が置かれています。基本的には保護区であり、また研究フィールドなのですが、世界的に見て優れた自然環境を有し、その管理が行われている場所として、観光ＰＲにも活用されています。２０１９年現在、日本では宮崎県の照葉樹林地帯・綾（図2－11、2－12）や、南アルプスが認定を受けています。

　このほか、やはりユネスコによる**世界無形文化遺産**や、ＦＡＯによる**世界農業遺産**（図2－13、2－14）も、観光との関わりの大きい世界的な認定・登録制度です。日本の制度である**文化財**（国宝をはじめとした有形文化財・文化的景観・記念物など）も「お墨付き」の一つと言えます。こうしてみると、各種の制度が乱立しているようにも思えます。もちろん、よく仕組みを調べれば、おのおの目的や選定の基準が異なることがわかり、多くが存在する意義も理解できます。ですが、多くの観光客からすれば、あまり区別されず、どれも同じ「何かすごいところ」になってしまいがちです。そもそも、これらは人の利用のための整備が目的の一つとされるものがあっても、観光地の格付けを目的にしたものは一つもありません。「お墨付き」を出す側は、それぞれの認定・登録の意味をわかりやすくより丁寧に説明する必要がありますし、観光客もその意義をくみ取るよう意識を向けたいものです。

図2-11、2-12　綾ユネスコエコパーク（2017.9　宮崎県綾町）

圧倒的なボリュームを持つ照葉樹林に覆われた山間の峡谷にかかる吊り橋を中心に、展示施設や遊歩道などの整備が行われている。

図2-13、2-14　世界農業遺産の一つ、静岡の茶草場農法（2019.1　静岡県掛川市）
茶畑の間に草地を残し、その草を茶の間に敷く伝統的農法が登録されている。茶草場と茶畑が一望できる粟ヶ岳にハイキングコースが設けられ、ふもとの案内所では茶を試飲できる。訪問時には、山頂に茶草（主にススキ）で作成された干支の像があった。

新しい観光のあり方

針江の事例に見るように、近年、それまで観光地として認識されていなかった場所が、新たに観光対象として脚光を浴びることがしばしば見られるようになりました。その背景として、観光が大衆化して久しく、皆と同じような場所に行くことがむしろ敬遠され、自分オリジナルの観光を手作りしたいというニーズが増えたことも挙げられるでしょう。別の言い方をすれば、観光対象として求めるものが多様化しているのです。

このようなニーズに応える新しい観光の形を**ニューツーリズム**と呼ぶことがあります。先に挙げたエコツーリズムやグリーンツーリズムもその一例です。針江のような事例は、日常生活を観光対象としている点で、例えば生活観光と呼ぶことができるでしょう。他にも、健康増進を目的としたヘルスツーリズム、文学や映画などの舞台を訪ね歩くコンテンツツーリズム（アニメーション作品の場合、聖地巡礼とも）、工場見学を行ったり過去の産業遺産を見学したりする産業観光などがあります。

フードツーリズムと呼ばれる観光の形もあります。これまでも、旅先で土地のものを味わうことは重要な観光の醍醐味でしたが、数ある目的の一つであることが一般的でした。フードツーリズムはそうではなく、食を目的の中心に据えた観光であり、例えば各地のB級グルメやご当地ラーメンなどを食べ歩くといった旅が当てはまります。それらの料理は、必ずしも観光用に開発されたものではありません。地域の人たちが日常の中で食していたものも多くあります。したがって、料理が提供される食堂なども地域の人たちが集う質素で素朴な佇まいの場所が多く、それが逆に、観光客に郷愁を感じさせるなどして受けるのです。

例えば、江戸時代からの観光地として先に紹介した富士吉田は、「吉田うどん」の街としての一面を持ちます。もとより山梨県は、気候的特色や地質条件から、稲作が振るわず小麦や雑穀の生産が盛んで、それに伴った粉食文化が発達しています。そうしたものの中では、「ほうとう」が特に有名ですが、富士吉田では、それとは別に、男性が練ったこしの強いうどんを食べる文化がありました。時代が下り、これが外食産業の中にも取り入られるようになったことから、他とちょっと違ううどんとして観光資源となったのです。現在は、馬肉やキャベツが具であるという物珍しさもあって、多くの観光客が店の地図を片手に食べ歩きを楽しんでいます。

ニューツーリズムの特徴は、こうしたテーマ性の強さのほかにも二つほど挙げることができます。

一つは、体験を重視していることです。これまでの観光は、一般に「見る」行動が中心をなしていました。美しい景色、荘厳な建物、華麗な舞踊……こうしたものを「見る」ことによって、観光客は満足感を得ていましたが、ニューツーリズムではそれに飽き足らず「体験」をすることでより高い充足感を得ようとする傾向があります。「百聞は一見に如かず」という言葉がありますが、ニューツーリズムでは「百見は一体験に如かず」。つまり、体験することによってさらに対象を理解し、楽しもうとする行動がなされるのです。

フードツーリズムでは、まさに食べるという体験が中心に据えられますし、コンテンツツーリズムでも、例えば松尾芭蕉の旅の足取りを追体験するといったことが主眼に置かれます。針江においても、この流れの中で「生水の生活体験処」という川端のある古民家が宿泊施設として観光客に開放されています。そこに泊まり川端を使って自炊することにより、観光客はよりディープに針江の人々の生活を体験できるのです。

もう一つの特徴は、**着地型観光**であることです。これまでの観光は、主に都市部にある出発地の旅行会社が、様々な観光プランを提案し、観光客を連れてゆくという方式（**発地型観光**）が中心でした。しかし、ニューツーリズムでは、観光を行う現地の会社や団体が様々な観光プランを用意している例が多くあります。これが着地型観光です。針江の事例は、典型的な着地型観光です。着地型観光は、観光客にとっても、観光地にとってもよいところがあります。現地事情や観光対象を十分に知る人がプランを作るので、観光客はより深く面白い体験ができますし、彼らは対価（ガイド料や体験料金など）を直接現地に支払うので、地域振興にも結び付きます。

「生活圏観光」のすすめ

繰り返しになりますが、観光とは生活圏の外に飛び出して、非日常を味わうレクリエーションです。しかし、非日常は生活圏の外にしかないものでしょうか。小学校に上がったばかりの頃に、社会科（生活科）で行った学校探検を思い出してみてください。学校という身近な生活空間の中に、放送室や校長室といった非日常のエリアがあることに、ワクワクした記憶はありませんか。それと同じように、皆さんそれぞれが住む街の中にも、訪れたことのない、あるいは訪れたことがあってもよく知らない場所があるはずです。そうした場所を訪ね、見慣れたものとは異なる景色を鑑賞したり、興味深い由来を見出したりすれば、それは観光と呼んで差し支えないでしょう。仮に、そのようなレクリエーションを「生活圏観光」と呼んでみましょう。

例えば、皆さんが住んでいる市町村に、神社やお寺はいくつありますか？　すべて行ったことはありますか？　それらが建造されたのは、日本の歴史の中のどれくらいの時期にあたりますか？　お寺のご本尊の仏像や、神社の狛犬とじっくり対面したことはありますか？　境内の大きな木の樹種や樹齢は知っていますか？　それはもしかして、その地域では珍しい種類であったりしませんか？　誰が植えたのでしょう？　観光地とは呼べない小さな神社やお寺であっても、それぞれに歴史があり、個性があるはずです。神社仏閣に興味がないという方は、インスタ映えする路地を探してみてはどうでしょうか。道の曲がり方に風情を見出せるかもしれませんし、昔使われていた井戸やポンプといった生活の積み重なりを感じさせるものに出会うかもしれません。

図2-15　壱町田湿地に生育するヒメミミカキグサ（2010.8　愛知県武豊町）
生育地が限られている希少性と、草丈1cm程度という桁違いの小ささによって、壱町田湿地を代表する保全上重要な植物であるだけでなく、その魅力を伝える資源ともなっている。

私は学生時代から、愛知県武豊町にある壱町田湿地植物群落という県の天然記念物で保全ボランティアを行っています。1・1ヘクタールほどのこぢんまりした敷地の中に、いくつかの小さな湿地があり、地域固有種や絶滅危惧種を含む様々な植物が生育しています（図2—15）。普段は保全のために関係者以外立ち入りができないのですが、夏季に5日間だけ、一般に向けて公開されています（2019年現在：図2—16）。夏の太陽に焙られながら湿地のガイドを行っていると、来場者から「近くに住んでいるけれど、来たのは初めてだ」「この街に、こんな変わった食虫植物が生育するところがあったとはね」といった声をよく聞きます。来場者のほとんどが、町内あるいは隣接市町からであり、彼らにとって湿地

図2-16　壱町田湿地の公開日の様子
（2010.8　愛知県武豊町）
近隣市町村から多くの来訪者があり、保全ボランティアがその案内を行う。

の立地エリアは生活圏です。しかし、同時にそこは知る人ぞ知る非日常の空間なのです。だからこそ、新鮮な発見を得て、私たちガイドにその感動を伝えてくださるのです。そのような場所が、きっと皆さんのお住まいの街にもあるに違いありません。

自分の住む地域を知ることは、地域への愛着につながります。それは、地域の中にある文化や伝統、自然環境を伝え、守っていこうという気持ちにも結び付きます。生活圏観光は、大勢が大挙して押しかけない、移動に伴う環境負荷が少ないといった点で、もとよりサスティナブルツーリズムであり、斬新なテーマをもったニューツーリズムでもあります。みなさんも、自分だけの観光地を、ぜひ自身の住む街の中に見つけてみてください。

○観光とは、余暇に行われるレクリエーションの一種で、生活圏から離れた場所に移動して見学や体験を楽しむことである。

○西欧では長期滞在型、日本では短期周遊型の観光が特徴的に見られる。この違いは、文化や制度の違いに起因する。

○近年、大衆化した画一的なマスツーリズムに替わる、オルタナティブツーリズム・サステイナブルツーリズムが注目されるようになった。グリーンツーリズム・エコツーリズムなどがその一例である。また、テーマ性や体験を重視するニューツーリズムも盛んになった。

Q なぜ、ツーリズムのことを観光と呼ぶのですか？

A 観光を読み下すと「光を観る」となります。この言葉の由来は、古代中国の『易経』にあり、本来は国王が国の光（良いところ）を観察するという意味でした。明治期に、海外からツーリズムという言葉が入ってきたとき、訳語としてこの言葉を当てたのです。それまでは、今日の観光に相当する行動を示す言葉として、遊山・遊覧・漫遊といった言葉が使われていました。

Q 自分の住んでいる街の祭りを見に行くことは、観光ですか？　ほかの地域の祭りを見に行くことはどうですか？

A 自分の生活圏の中で行われる祭りを見に行くことは、レクリエーションであっても観光ではありません。観光とは、日常の生活圏を離れて行うレクリエーションだからです。例えば、東京に住む人が地域の盆踊りに行く場合は観光ではありませんが、博多どんたくを見に行く場合は観光と言えます。

2 地域に活力を取り戻す（地域おこしの地理学）

地域の活力

人と同じように、地域にも活力があります。活力とは元気であり、生命力であり、将来へ向かって進む原動力です。

活力のある地域は、人口が増加し、若者が多く、産業も盛んで、経済循環も好調です。一方、そうでない地域は、人口流出が進み、少子高齢化も目立ち、産業も衰微して働き口に乏しく、さらに生活上の様々な不便が生じています。

活力の湧かない人は、どこか病気かもしれませんので、医者にかかることが望ましいでしょう。医者はまず、問診や様々な検査を行って、その人のどこが、どんな理由で不調なのかを突き止めます。そのうえで、投薬を行ったり、生活習慣の改善を指導したりして、再び活力が湧くように治療を行います。地域についても同じです。まず、どの地域がなぜ活力を失っているのかを明らかにし、そのうえで、状況に応じた対応策を取ることが求められます。

現在、活力を失った地域の苦悩が、新聞やテレビで盛んに報じられています。日本全体で人口が減少しつつある現在、もはや特定地域の問題ではなく、日本全体が当事者である問題とも言えます。この節では、活力を失っている地域とその理由を理解したうえで、活力を取り戻すための方策を地理学の視点から眺めてみることにしましょう。

活力が失われている地域

現代日本で活力を失っているのは、どのような地域なのでしょうか。第1章ですでにお話しした内容の繰り返しになりますが、ここでざっと振り返っておきましょう。

第一に、**中山間地域**（産業的に見ると農山漁村地域）です。こうした場所では、働き口や生活の利便性を求めて、若年層を中心とした都市圏への人口流出が見られます。その結果として、人口減少と高齢化が顕著です。中には、**限界集落**と呼ばれる、人口の過半数が65歳以上の村落も存在します。そのような場所は、店舗やバス路線が撤退して「買い物難民」や「交通難民」が生じる、適切な医療や介護を受けることが難しくなる、空き家や放棄農地が増え治安と環境が悪化するといった、様々な生活上の問題を抱えています。また、祭りなど地域行事の担い手がおらず、伝統的な文化も危機に瀕しています。

第二に、中心市街地です。この場所は、昼間は多くの人がやってきて賑わいがある一方、地価の高騰や住環境の悪化により、夜間人口（定住人口）が減っています。やはり空き家が増え、インナーシティ問題と呼ばれる治安の悪化が生じている場合もあります。中山間地と若干異なるのは、中心市街地では人のつながりが希薄であることが多く、高齢者が災害に巻き込まれやすくなったり、亡くなっても気付かれない孤独死が発生したりしやすいという点です。地方都市では、モータリゼーションの進展により商店街が衰退し、シャッター街化が起こる問題もあります。

郊外地域も、愛知県長久手市のように活力がみなぎっている場所ばかりではありません。高度経済成長期に盛んに造成されたニュータウンでは、入居開始から数十年を経たいま、活力を失いつつあります。かつてそこには、ほぼ同一の世代（主に子育て世代）が一斉に入居しました。それから20～30年が経ち、子どもの大半が独立して出てゆくと、ニュータウンには高齢になった親世代ばかりが残されます。自然に成立した集落と異なり、世帯の入れ替わりがほとんどないだけに、高齢化がはっきりと表れやすいのです。また、人口も減りますので、ニュータウンに依存していた周辺の商店は、収益を上げられなくなり、撤退してゆきます。中山間地と同じように、買い物難民が生じることさえあります。

一つ、例を出してみましょう。名古屋市郊外にある高蔵寺ニュータウン（愛知県春日井市）では、ピーク時に5万2000人を超えていた人口が、2019年10月現在、4万2500人に減少しました（春日井市資料）。また、65歳以上の高齢者の割合も、市域全体が25・7％であるのに対し、ニュータウンでは35・3％と高く（同資料）、空き家も多く発生しています。最も早く入居の始まった藤山台という地区では、３校あった小学校が近年1校に統合されています。

人口還流現象

地域に活力を取り戻す活動や施策を、**地域おこし**と呼びます。地域の特徴によって、「街おこし」「村おこし」と呼び分けることもありますが、人を呼び込み経済を活性化するとともに、生活の質と利便性を取り戻し、さらには伝統文化を維持・継承しようとする活動は共通です。ここでは、中でも中心となる人の呼び込みと経済の活性化に焦点を絞り、具体的な地域おこしの内容を見てみましょう。

それにあたり、用語を少し整理しておきます。これからお話しする中で、中心都市とは、日本の場合、首都・東京あるいは、仙台・名古屋・大阪といった各地方の中心地としての役割を持った都市を指すこととします。地方とは、地方都市を含むそれ以外の地域を指すこととします。先に見たように、中心都市でも活力を失っているエリアが存在し、また地方のすべてが活力を失っているのでもありませんが、説明をわかりやすくするため、ここでは地方を活力が失われた地域の代表として話を進めることにします。

地域へ人を呼び込むことを考えるとき、まずは国全体で見られる人の移動の傾向を踏まえておく必要があります。言うまでもなく、中心都市と地方の人の動きと言えば、地方から都市へという流れが主流です。しかし近年は、その逆の人口移動も確認されています。これを、**人口還流現象**と呼びます。

人口還流現象の代表が**Uターン**です。これは地方出身者が、一旦は中心都市で暮らすものの、再び出身の地方へと戻る現象です。一方で、出身地が農山漁村である場合、生活の利便性や働き口などの問題から、出身地そのものではなく近隣の地方都市へ移住する**Jターン**、さらには、中心都市出身者がまったくゆかりのない地方へ移住する**Iターン**といったものもあります。中心都市に出ていった地方出身者が、出身地とは異なる地方へ移住するVターンと呼ばれる行動も確認されています。

UターンやJターンの場合、親の介護や家業の継承を理由とした受け身の行動である場合も多いと考えられます。しかし、IターンやVターンの存在は、自ら進んで地方へ住もうという意識を持つ人が少なからずいることを示しています。

地方移住の光と影

しかし、いくら人口還流現象があるといっても、地方からの人口流出という大きな流れの中に掻き消されてしまうようなものでは活力の取り戻しにつながりません。そこで、人口減少が問題となっている地域では、人口流出を抑えるとともに、還流される人口を強く引き寄せようと、様々な手立てを講じています。

例えば、地方在住者との婚活パーティーを催し、婚姻という形でその地方に人を呼び込み、定住を図るという方法があります。その地域に在住している人との婚姻であれば、仮にＩターンだったとしても、移住当初からその地方に身内が存在することになり、精神的なハードルが下がります。さらに、住居や経済（仕事）の面でも困難の程度が低くなるでしょう。また、子どもが生まれることによる自然増も見込めます（もちろん子どもをもうけるかどうかはカップルの自由であるべきですが）。

対して、婚姻でもなく、実家近辺へのＵターンでもＪターンでもない、身寄りのない地方への転居に際しては、住居と仕事が大きな課題となります。地方、特に農山漁村では、表に出ている不動産物件がわずかです。直接探そうにも、見ず知らずの人に土地建物を売ったり貸したりは、なかなかしてもらえません。今は、ちょっとした「田舎暮らし」ブームであるため、多少の物件が流通するようにもなりましたが、それでも都市部と比べると情報は多くありません。そこで、人を呼び込みたい自治体では、自治体自ら住居を紹介する仕組みを整えるようになりました。それは、空き家バンクと呼ばれます。入居可能な地域内の空き家情報を提供し、貸し手・売り手である地元住民と、借り手・買い手である移住予定者とを結びつけるのです。

さらに、長期間の定住を条件に、家賃を補助したり、仕事を紹介したりする移住支援の制度を設けているところもあります。中には、入手した住宅の改築費用を出したり、自営業をはじめる人のために開業資金を出したりというように、よりきめの細かい支援を行っている自治体もあります。定住期間だけでなく、一定年齢以下であることや、婚姻していること（あるいは小さな子どもがいること）を支援の条件としている例もしばしばあります。それはやはり、地域の活力源となる若い人に来てもらいたいということや、子どもの誕生に伴う自然増が期待されているからでしょう。

このような例を見ると、地方はもろ手を挙げて移住者を迎え入れようとしているかのように感じられます。しかし実際には、もともと住んでいる人たちとうまく馴染めず、苦労をしている移住者も多くいます。第1章でお話ししたように、地方の農山漁村では村落共同体がまだ根強く残っています。様々な役やルール、濃密な人間関係に疲れても、逃げ出す場所はありません。移住者側にある村落共同体への無理解が軋轢を生んでいる例がある一方で、仮に、移住者が村落共同体の実情を十分に理解し、地域社会に馴染もうと努力しても、もともとの住民側に「あの人は他所から来た人だから」という意識が残っており、このことで壁ができてしまうこともあります。ここが、都会への移住と大きく異なる点です。ですから地方移住は、いくら自治体が歓迎していても、よくよく考えたうえで実行しないといけないと言われるのです。

地域資源と地域ブランド

続いて、経済の活性化について見てゆきましょう。先に、地方移住の大きな課題が仕事、すなわち働き口だとお話ししました。地方、特に農山漁村には産業が少なく、それがゆえに都市に人口が流出していることは、第1章で紹介した通りです。しかし地方は、交通の便さえ確保できれば、安価に広い土地が手に入る、人件費が安いといった、工場やオフィスの立地に適した一面もあります。そこで、地方の自治体は、そのような点をPRして企業を誘致するとともに、税制上の優遇などと引き換えに、地域住民の雇用を求める活動を行う例があります。企業の事業所が立地すると働き口ができるため、人口流出が抑えられ、新しく定住する人を増やす効果があるからです。

しかし、外から新しくやってくる事業所は、景気変化のあおりや、経営方針の転換を受けて閉鎖するかもしれません。ですから、それだけに頼らず、もともとその土地に存在する資源を活かし、すでに根付いている産業を盛り立てることも求められています。このとき鍵になるのが、地域資源と地域ブランドです。

地域資源とは、その地域を特徴づける資源、すなわち産業に役立つものです。農林水産物や工業技術、観光資源やそこに住む住民（人的資源）、さらにはその土地にある文化的・自然的風土といったものを含みます。これらをもとでとして「その土地ならでは」の産業を育成してゆくのです。資源とは発掘するものであり、磨くものです。これまで資源とされてこなかったものを資源として捉えなおす、すでに知られている資源の新たな価値を見出すといった活動を行うことで、地域にこれまで以上の経済効果を生み出す試みが各地で行われています。

書籍やテレビで紹介され、有名になった徳島県上勝町の「葉っぱビジネス」は、地域資源発掘の成功例と言えるでしょう。それまで見向きもされなかった山林の樹木や野草の葉や花について、料亭などで使われるあしらい（添え物）としての価値を見出し、売り出すことに成功したという事例です。前節で取り上げた針江のエコツーリズムも、川端という新しく掘り起こされた地域資源を利用した地域おこしの事例と言えるでしょう。

風土そのものを地域資源として再評価し、魅力を添加することで地域への来訪者を増やしている事例もあります。三河湾に浮かぶ佐久島（愛知県西尾市）は、「お昼寝ハウス」をはじめとする現代アート作品が各所で見られるアートの島として知られる観光地ですが（図2−17、2−18）、以前は賑わいの乏しい寂れた島でした。隣接する篠島や日間賀島（いずれも同県南知多町）が、海水浴とともにタコなどの海鮮料理が楽しめる島として、名鉄による支援を受けながら観光化が進んでいたことと対照をなしていました。しかし、1990年代に、国の委託を受けた離島振興のための調査団が視察に訪れた際、豊かな自然環境や風景そのものが地域資源ではないかと提言を受けたことから、芸術家や近隣の大学生らを招き、その風土を生かしたアートによる地域おこしを始めました（総務省資料による）。それが、もとよ

図2-17、18　三河湾の黒真珠と呼ばれる佐久島の街並みと、現代アート「おひるねハウス」（2013.8　愛知県西尾市）

美しい景色と現代アート、海産物などを目当てに、近年多くの観光客が訪れるようになった。

り存在した「三河湾の黒真珠」と呼ばれる黒壁の集落景観や、美しい海岸風景などと相まって話題を呼び、現在は多くの人が観光に訪れるようになっています。佐久島はさらに、短期観光から滞在型観光へ、さらには定住へと結びつけるため、温暖な気候を活かしたクラインガルテン（前節参照）を整備するといった新たな取り組みも実施しています。

一方、**地域ブランド**とは、地域ならではの特徴や優れた点を売り物にしている主に生産物の銘柄（ブランド）のことを言います。一般にブランドというと、ヴィトンやエルメスといった企業によるファッションブランドがよく知られますが、もともとは「他と区別する」という意味です。すなわち、地域ブランドは「この産品はほかの地域とはっきり違うぞ」と主張することで、付加価値をつけ、情報発信を有利にし、認知度を上げて多くの人に選んでもらうことを可能にする取り組みなのです。例えば、魚沼コシヒカリ・琉球泡盛・松阪牛・名古屋コーチン・三ケ日みかんといったものがそうです。食べ物だけでなく、瀬戸焼・輪島塗といった工業製品も対象になりますし、変わったところでは、豊橋カレーうどんや、一宮モーニングのように、サービスをブランド化しているという例もあります。

地域ブランドが確立し、優れたものとして著名になると、それらの生産者、ひいては地域の居住者の誇りと自信につながり、地域そのもののイメージ向上にも結び付きます。地域ブランドは、単に産業や経済の活性化をもたらすだけでなく、様々な地域の活力に波及してゆく重要な地域資源となりうるのです。

ですから、地域外の者が勝手にブランドを名乗らないように、特定の地域で活動する団体（生産組合など）の構成者だけが使用できるようにする**地域団体商標**という制度や、特定の地域で得られた農林水産物だけがその結びつきを特定できる名称を名乗ることができる**地理的表示**法などによって守られています。

コンパクトシティ

ここまで、地域の活力を取り戻すための取り組みを見てきましたが、日本を一つの大きな地域と見た場合、第1章でお話ししたように、今後は人口が減少し、それに伴って経済も縮小してゆくという避けられない宿命を背負っています。その対策として、海外からの移民にその分を補ってもらうことも考えられます。しかし、今のところ人口や経済の現状を維持できるだけの多数を受け入れる政策はとられておらず、また、そのようにすべしという世論も主流ではありません。そこで、生活の質や利便性を損なわず、賢く人口や経済を縮めてゆく**スマートシュリンク**を考えていかなくてはいけません。

人口減少がもたらす懸念事項の一つとして、人口増加期に広がった市街地が、スポンジのようにスカスカになってゆくことが挙げられています。そうなると、上下水道やバス便といった生活インフラの運用や維持管理の効率が悪くなります。つまり、必要以上の経費がかかるようになるわけですが、その負担が減った人口にのしかかるのです。また、地域コミュニティが機能しなくなるため、災害時のリスクが増えたり、高齢者への援助が行き届かなくなったりし、さらには治安が悪化することにも結び付きます。このような事態を防ぐために提案されているのが、**コンパクトシティ**と呼ばれる考え方です。

コンパクトシティとは、都市の中心部や公共交通網の主要部に、居住・行政・経済・医療といった都市機能をぎゅっと集約させた都市のことを言います。コンパクトシティでは、インフラの維持管理が効率よく安価に行えますし、人々の移動は車に頼らず、徒歩や自転車、公共交通機関で事足りるので、環境負荷も軽減されます。また、今後さらに増える見込みの高齢者にとっても、移動がしやすく体調の急変にも対応しやすい、優しい街になるとされます。市街地の拡大を抑制するという点では、自然環境の保全にもつながります。日本でコンパクトシティの考え方に基づく街づくりを進めている都市として、富山市が最もよく知られていますが、他にも札幌市や青森市、神戸市なども考え方を取り入れようとしています。日本政府も、コンパクトシティを推進していく立場にあります。

それでは、コンパクトシティは良い面ばかりなのでしょうか。実は、いくつかの問題点が指摘されています。まず、都心をはじめとした特定地域（居住誘導区域と呼ばれる）に人口を集めることによって、過密化が起こり、住環境の悪化を招くおそれがある点です。先に、都心の地価高騰と住環境の悪化が、都市のドーナツ化（郊外への人口移動）をもたらしたことを説明しましたが、今度は、郊外の居住が制限されているため外に広がっていけません。

人口を居住誘導区域に集めるにあたっては、その区域に対し税制上の優遇をしたり、それ以外の地区に建築規制などの土地利用上の制限を設けたりする手法がとられます。社会主義国のように、強制力を持って移住させられるということは恐らくないでしょうが、もともと郊外に住んでいる人にとって、資産である不動産の価値が下がることになります。加えて、公共施設やインフラの整備も居住誘導区域が優先されるようになるでしょうから、徐々に住みにくくなってゆくと考えられます。もっとも、これが狙い（居住誘導）なのですが、それを過剰に行うのならば、憲法に保障されている居住の自由を不当に制限することになりはしないか、という意見もあります。さらに、高度成長期に無秩序に市街地が拡大したエリアではそれも仕方がないとしても、中心市街地から離れた場所にある何代も続くような集落が切り捨てられ、文化や伝統的な景観を損なうことにつながらないか、といった懸念もあります。

コンパクトシティ政策は、人々の利便と幸せのためと言われますが、経済的・工学的な効率を優先する一面があります。一方、人々が地域生活の中で培ってきた文化や、心の中にある土地への愛着は、効率という尺度では評価できません。どちらが正しい、どちらを優先すべきというのではなく、その折り合いをどうつけるのか、時間をかけた議論が必要でしょう。

地理学は地域の医者になれるか？

人口が継続的に減少する社会は、未だ誰もが経験しておらず、また、コンパクトシティをはじめとしたそれに対応する試みも始まったばかりです。恐らく、スムーズに進むことはなく、今後幾度もの試行錯誤が繰り返されるものと考えられます。選挙や住民投票といった意見表明の機会が与えられたならば、地域に暮らす当事者として、自分や家族の損得だけでなく、社会全体を見る俯瞰的な立場から「その方策がよいのか、悪いのか」を考えることが求められるでしょう。そのとき、ここで紹介したような地理学の知見が役に立つならば嬉しく思います。

地理学は、地域を重要な研究対象にしています。その長い歴史の中で地域の違い（個性やダイバーシティ）の成り立ちを理解し、地域どうしの複雑なつながりを見つめてきました。この節の冒頭で、活力の湧かない人が医者にかかって養生を行うように、活力が失われてしまった地域も同様に、診断と治療が行われるべきだと書きました。ここにおいて地理学は、その経験を活かして、時には地域社会に対して医者としてふるまうことも、求められるようになっています。

しかし地理学は、どちらかというと法則やしくみを追求する基礎学問であり、問題の解決を目的とする応用学問とはやや距離がありました。医学で言えば、地理学は解剖学や生理学なのであり、患者に接し治療を行う臨床医学は必ずしも得意とはいえません。

けれども、地理学はその弱点を補うだけの長所も持ちあわせていると私は考えています。それは、地表面に分布するものであれば、自然・社会・文化の区別なく、どのようなものでも分析対象とするという節操のなさです。地理学には空間を分析するという専門の軸はありますが、分析の対象は「何でもあり」で、基本的に何が専門とは言い難いのです。そこで、それぞれの対象を専門とする学問と交流を行いながら発展してきた特色があります。この経験は、地域の臨床医として振舞う農学や経済学、都市工学といった応用学問と適切な連携をとることに役立つでしょう。つまり、臨床医としては不十分でも、患者と医者の仲立ちをし、適切な医療を受けるために相談に乗る医療コーディネーターのような役割を果たすことができるのではないでしょうか。それこそ、地理学の本領を発揮する部分であると確信します。

○地域の活力が失われている地域として、中山間地域だけでなく、都心部や郊外のニュータウンが挙げられる。これらの地域では人口が減少し、経済の衰退が見られる。

○人口還流現象と呼ばれる中心都市から地方への人の流れが存在する。移動形態により、Uターン、Jターン、Iターンといったものがある。

○地方在住者との出会いの場を設けたり、転入者への住居や仕事への補助を行ったりして、地方への人の移住を促進する試みが行われている。一方で、移住者ともとからの居住者との間で軋轢が生じる例もある。

○地域資源を発掘し活用する、地域ブランドを確立するといった手法で、地方の経済を活性化した事例がある。

○日本全体の人口が縮小してゆく中で、コンパクトシティの考え方に基づく街づくりが各地で進められている。

Q 地域ブランドについて、例えば農産物では独特の育て方を必要とするといった、地域内で生産されること以外の制約があるのでしょうか？

A 地域ブランドによっては、そのブランド名称を使うための条件として、特別な栽培法や飼育法を条件にしているところもあります。しかし、すべてがそうとは限りません。例えば、松阪牛の生産地では、ビールを牛に飲ませることによって質の良い牛肉の生産をしている農家がありますが、その方法をとらなくても松阪牛を名乗っても構いません。

Q なぜ、富山市はコンパクトシティを目指したのでしょうか？

A 富山市では、人口の増加に伴って広範囲に市街地が広がりましたが、その結果、自動車に依存する割合が増え、また、道路整備やごみ収集などの公共サービスのコストが増加する結果となりました。その対策を考える中で、コンパクトシティの構想が持ち上がったそうです。

3 人と環境の関わりを問う（地理学と環境）

環境とは何か？

私たちが生きる21世紀は、「環境の世紀」と呼ばれます。**環境**（environment）という言葉が普及し、日常の中に溢れていることは誰もが実感しているところでしょう。しかし一方で、環境という言葉はつかみどころがなく、正体不明瞭のまま、なんとなくこの言葉を使っている人もいるのではないでしょうか。環境とは、なんとなく好ましく、あちこちにあって、護ることがよしとされているもの、というほどの理解でも、一応会話は成り立ちます。しかしこの機会に、この言葉の意味を明瞭に捉えてみましょう。

まず、最も広い意味を紹介します。環境とは、ある主体を取り巻いていて、主体に影響を与えたり、主体から影響を受けたりしているものです（図2－19）。ここで主体とは、それを中心において考えるもの、という意味とします。仮にあなたが、近くの図書館で本を読んでいるとします。このとき、あなた自身を主体にすると、あなたにとっての環境は、具体的にどのようなものが当てはまるでしょうか。図書館にいるあなたを取り巻いていて、影

広義の環境（網掛け部分）

狭義の環境（網掛け部分）

図2-19　「環境」という言葉の意味

響を与えられたり、与えたりしているものですよ。

　例えば、館内を満たす空気がそうです。図書館の中は、一般に空調が効いているでしょうから、読書に適した空気の温度になっていると思われます。しかし、もしそれが暑かったり寒かったりしたら、読書に集中できません。環境から影響を受けているということです。一方、人は体温をもっていますから、あなたが室内にいることによって、わずかですが室温の上昇が起こっています。呼吸をしますから、二酸化炭素もわずかに増えるでしょう。つまり、環境に影響を与えているということです。同様に、照明や館内放送の音量、掲示物、机や椅子、並んでいるたくさんの本やほかの来館者も環境です。このように、環境は主体を取り巻くありとあらゆるものが該当します。

さて、地理学は、人の暮らす地球表面付近にある、ありとあらゆる事象を研究対象とします。それらを空間的に理解する、つまり「どこにあるのか」「なぜそこにあるのか」を明らかにすることが地理学の神髄ですが、違う見方をすれば、人類を主体としたときの環境を明らかにする学問だとも言えるでしょう。地理学が扱う諸問題は、すべて人類にとっての環境なのですから。このことから、地理学を学ぶことは、環境を学ぶことと言っても過言ではありません。

人類にとっての環境は、タイプの異なる二つのものから成り立っています。ひとつは、人がいようがいまいが、おのずからそこに存在しているもの、すなわち自然です。これは自然環境と呼ばれ、大気・水・地形・地質・人以外の生物といったものが当てはまります。それらについて明らかにする分野は、自然地理学と呼ばれます。もうひとつは、人が自ら作り出したものです。文化や社会、経済などが当てはまります。それらを扱う分野は人文地理学と呼ばれます。繰り返しになりますが、いずれも人類が影響を受ける一方で、影響を与えることもある存在です。

ところで現在、環境について語られるとき、その多くが環境問題に関わるものです。地球温暖化や生物多様性の減少といった地球レベルの問題、また、大気汚染や水質汚濁といった身近な公害に関連して、環境保全や環境保護という言葉も用いられます。このときの環境が意味するものを具体的に書き示すならば、それは大気であり、生物であり、水です。つまり、端的に環境と言ったとき、特に自然環境を指す場合があります（狭義の環境）。地理学においても、伝統的に環境は「人類を取り巻く自然」を指していました。

環境決定論と環境可能論

人類は、周囲の自然から少なからぬ影響を受けて活動しています。第1章でお話ししたように、人口の分布、地域ごとの農業の状況、工業の立地、集落の形状といった、人の暮らしや産業に関わる多くの事象が、自然環境によって制約を受けているのです。これは、現代の地理学において共通の理解といって差し支えありません。しかし、その捉え方をめぐっては、地理学の歴史の中で、二つの異なる考えが示されてきました。

最初に示されたのが、ドイツの地理学者、**フリードリヒ・ラッツェル**（１８４４―１９０４）による**環境決定論**です。ラッツェルは、「環境への適応の結果、生物は進化した」というダーウィンの進化論を人の活動に当てはめ、現在見られている人の活動は、地域の自然環境に対する応答であると考えました。人も生物の一種であり、自然の一部であるから、自然環境に支配されている、また、同じ自然環境が存在する場所があれば、それに対応して、同じ人の活動が見られる、と理解したのです。

例えば、「温暖湿潤な気候の地域では、その気候に適した米の生産とそれに伴う文化が存在し、冷涼乾燥な気候の地域では、同様に小麦の生産とそれに伴う文化が存在する」という考えは、典型的な環境決定論です。環境決定論は世界各地の人の活動を、（その妥当性はともかくとして）機械的に説明することができました。地理学が、単に各地の自然や人の活動を記録するだけのものでなく、近代科学として理論を持ったものであることの一つの拠り所が、環境決定論だったのです（現実には、まったく同じ自然環境の場所は二つと存在しませんので、実証はできませんが）。

しかし、環境決定論は後に、「白人は季節変化によって刺激のある気候の場所で生活しているから優れた性質を獲得し、一方、黒人は季節変化に乏しい刺激のない気候の場所で生活しているから怠惰なのだ」といったように、人種差別やそれに基づく植民地支配を疑似科学的に正当化する論拠として用いられるようになります。また、人は他の生物と異なり、自然環境を克服してゆく側面もあるのではないか、そうであるなら、活動のすべてが自然環境に支配されるという考え方はおかしい、という批判も生じました。

そこで、フランスの地理学者**ポール・ヴィダル・ドゥ・ラ・ブラーシュ**（1845―1918）は、それに代わる**環境可能論**と呼ばれる新しい考えを打ち出しました。人の活動が自然環境によって影響を受けることは確かだが、それはあくまで可能性の幅（あるいは選択肢）を与えるものである、したがって同じ環境のある場所でも、同じ人の活動が見られるとは限らない、というのがその骨子です。人は純粋に自然の一部ではなく、社会的・歴史的な存在でもあり、環境に対する多様な反応があると理解したのです。例えば、日本の北海道は、

図2-20　北海道に広がる水田（2015.6　北海道美唄市）
寒冷な気候の北海道は、熱帯産のイネの日本有数の産地である。

気候的に見れば米よりも小麦の生産に向いた地域ですが、土地や品種の改良によって、今や日本有数の米の産地です（図２－20）。それは、北海道への入植者の多くが、米食文化を持っていたためです。このように環境可能論は、「人が影響を受ける環境には、自然環境だけでなく、人の積み重ねてきた社会環境もある」と主張しているとも解せます。

こうしてみると、環境可能論のほうがより実態に即していると考えられます。そこで、現在の地理学ではこちらの考え方が主流となっています。ですから、地理学において気候や地形と人の活動を安直に結び付けた発言や記述をすると、「環境決定論的だ」と強い批判を受けることがあります。しかし、ブラーシュも人の活動に対する自然環境への影響そのものは否定していません。例えば農業のように自然環境を相手にする人の活動の地域的差異を理解しようとするときには、自然からの影響を中心に据えて考えることが、どう考えても妥当です。また、以前にも述べたように、人も自然の中で生きる一種の生物であることは紛れもない事実です。ですから、真に戒められるべきは、人の活動を自然環境と結び付けて考えることではなく、短絡的にそれだけを行って思考停止することです。つまり、人の文化的・社会的・歴史的な部分を併せて、人の活動についての議論・検討を進めることが大切なのです。

環境問題と地理学

環境決定論や環境可能論のように、地理学における人と自然環境との関わりの議論、あるいは考え方を**環境論**と呼びます。これまで一般に環境論と呼ばれてきたものは、「人の活動が自然環境から影響（制約）を受ける」点に関わる議論でした。それは、主体である人類の活動の空間的理解、つまり分布や立地の説明が地理学の神髄であり、そのための理論という側面が大きかったからでしょう。

しかし、人は自然環境から影響を受けると同時に、自然環境に対して影響を及ぼす存在でもあります。近年は特にそれが顕著ですから、これを無視して人と自然環境との関わりを論じることはできません。そして、その要因や影響の程度に、場所による違いや地域ごとの特徴があるならば、地理学は真剣にこれを考えなくてはいけないでしょう。

いわゆる**環境問題**とは、人が自然環境に影響を及ぼした結果、改変された環境から受ける社会への負の側面を言います。例えるならば「藪を突いたから蛇に噛まれた」という状態で、ポイントは、自然環境に人が働きかけたことが出発点にある点です。もとからある自然環境が社会へ負の影響をもたらすこと（自然災害や、砂漠・高山のように厳しい気候であること）は、自然環境が社会へもたらす負の影響であっても、環境問題とは呼びません。ですから、究極的には人が制御できる（しなくてはいけない）問題です。

環境問題は、大きく**地球環境問題**と**公害**とに分けることができます。地球環境問題は、地球温暖化のように、全地球的なスケールで発生し、その解決には非常に長い時間が必要とされる問題です。一方、公害は、「水俣病」「四日市ぜんそく」のように地名を冠するものがしばしばあることからわかるように、局所的です。解決のための時間軸も、地球環境問題に比べればさほど長くはありません（深刻でないという意味ではありません）。ですから特に公害は、地域と環境の問題であり、まさしく地理学が積極的に関わるべき課題と言えます。

もちろん、地球環境問題も地理学的な問題を孕んでいます。例えば、地球温暖化において、地球の気温が一様に上がるとは考えられていません。上昇の程度には地域による差異があり、場所によっては現在よりも寒冷になる場所もあると予測されています。それは、地域の気候を決定するメカニズムが単純ではないからですが、その理由を探り、予測の精度を上げるのも地理学の役割です。

公害を地理学から見る

日本で最初の公害とされるのが、栃木県から群馬県の渡良瀬川流域で発生した**足尾銅山鉱毒事件**です。足尾銅山は近世から銅鉱石の採掘が行われていましたが、明治以降の近代化によってその規模はアジア有数のものとなります。採掘された鉱石は、付設された工場に運ばれ、精錬（不純物を取り除いて金属の純度を上げる工程）が行われていましたが、その工程は自然環境に大きな影響を与えるものでした。精錬には多量の燃料が必要です。当時、燃料と言えば薪であり、それは周囲の山林を伐採して調達されたものでした。木材は、鉱山の坑木（トンネルを崩れないようにする支柱）としても使われたため、山林は瞬く間に荒廃してゆきました。

追い打ちをかけるように、精錬工場から排出される有毒な亜硫酸ガスによって、残された山林も次第に枯死し、さらに稲をはじめとした周囲の村の農作物への被害も生じました。極めつけは水害です。荒廃した山林は保水力を失い、頻繁に下流で洪水を引き起こすようになりました。洪水によって各地に押し流された渡良瀬川の水とそれに含まれる土砂には、カドミウムや銅化合物といった有害物質（鉱毒）が含まれており、健康被害も広がりました。村そのものが住めなくなってしまった場所さえいくつもあります。つまり、足尾地域の暮らしと産業を支えていた植生・大気・水といった自然環境が、足尾銅山の操業によって改変され、その改変された環境が、地域社会に悪影響をもたらしたのです。

この凄まじい公害について、単に銅山を糾弾するだけで終わらせるのは地理学的とは言えません。地理学的にこの公害を捉えるならば、銅山がなぜそこにあるのか、被害を受けた村々がなぜそこにあるのかを知り、そのうえで、なぜそこで公害が起こったのかを追究する必要があります。

こうした点を探ってみると、銅鉱石は新期造山帯と呼ばれる地形変化の激しい場所に埋蔵されていること、新期造山帯にあたる日本はかつて銅の主要な生産・輸出国で、銅鉱山の開発は富国強兵時代の国策であったこと、被害を受けて廃村になった村落（例えば谷中村）は銅山から下流へ50キロメートル以上も離れていること、そこは関東平野北端に近い自然堤防帯にあり、河川氾濫の常襲地帯であるとともに、それに伴う肥沃な土壌が存在したことなどがわかります。

つまり、この公害は、直接的には鉱山の操業が引き起こしたものですが、そこに至る背景には無数の地理学的な要因が絡み合っています。ですから、それを解きほぐすことで、未来への教訓を引き出すことができるのです。国策によって進められた事業によって、広域に汚染が広がり、住む場所を追われる人が生じる――このような出来事は、つい最近も日本で繰り返されました。この地理学的な背景を、ぜひみなさん自身で考えてみてください。そうすると、直接の当事者でなくとも、私たち一人ひとりが間接的に関わっていることが浮かび上がります。

ところで、足尾銅山より少し遅れて、茨城県の日立鉱山でも鉱害（特に煙害）が深刻になりました。しかしここでは、様々な対策が積極的に取られていました。例えば、詳細な気象観測網が設けられ、風向きによって村落や田畑の広がるほうに煙が流れないように生産が調整されました。また、高さ150メートルを超える巨大煙突を建設し、有害物質を大気で希釈する対応も取られました（図2−21）。つまり、鉱山と村落のある地域の地理的特色を理解し、それを対策に落とし込んでいたのです。技術が未熟な時代でもあり、結果は必ずしも十分とは言えませんでしたが、当時としては稀有な例でした。

もともと日立鉱山では、住民と話し合って煙害による被害補償を行う慣例がありました。先に挙げた対策も、補償費の軽減策として、戦略的に鉱山経営の中に組み込まれたもののようです。このことの背景には、経営者が「地域社会の中に鉱山がある」という思想を持っていたことが指摘されています。興味のある方は、この経緯を取材した、新田次郎の小説『ある町の高い煙突』をぜひご一読ください。

図2-21　大正時代の絵はがきに掲載された日立鉱山のお化け煙突

環境としての身近な自然

最後に手前味噌で恐縮ですが、地理学から環境を考える一つの事例として、私が行っている湧水湿地に関わる研究を紹介しましょう。湧水湿地とは、養分の少ない地下水によって形成された小さな湿地です。それは、タイプの異なる大面積の尾瀬ヶ原や釧路湿原といった湿地が、寒冷地や標高の高い場所に多いのと対照に、東海地方より西の暖かく標高の低い場所に多い傾向があります。名古屋・大阪・岡山・広島といった大都市の近郊にもまだ多く残されています。

湧水湿地には、絶滅が危惧されている、あるいは特定の地域にしか見られない植物や昆虫が多く見られることから、生物の生息地として注目されています。特殊なものだけでなく、サギソウやトキソウといった日本の夏を彩る美しい花や、たくさんのトンボ類も暮らしています。こうした点から、近年、湧水湿地は地域の生物多様性を維持するための重要な場所であると認識されるようになりました。

私は、単に生物の生息地というだけでなく、地域社会の中にある一つの環境として湧水湿地を捉えられないものかと考えました。なぜなら、湧水湿地は原生的な自然の中ではなく、人が日常の中で利用してきた雑木林や農地の周辺に分布するからです。湧水湿地は地域の人々にとって身近な環境の一つであり、互いに影響を与えてきたと考えられます。もしそうであるなら、その部分に今後進めるべき保全のヒントがあるに違いありません。

そこで私は、いくつかの湧水湿地を対象にして、その周りに住む人たちから湧水湿地との関わりを聞いて回りました。すると、環境としての湧水湿地の姿が克明に浮かび上がってきました。

湧水湿地の周りに生活する人にとって、かつてそこはありふれた自然の一部でした。特殊な環境として注目することもほとんどありませんでした。せいぜい、草原状になっている場所が、木が生えない不思議な空間だと思われていた程度です。しかし、無用の長物ではありませんでした。秋になるとシラタマホシクサという白く丸いかわいらしい花が一面に咲くことから（図2－22）、子どもたちはそれで腕輪を作ったりして遊んだそうです。大人たちは、時に肥料や飼料とするため、湿地内の草を刈り取って使うこともありました。そこから流れ出る水は混じりけがなく、湿地下流の水路に生育する淡水魚を採取して食べることもありました。ある場所では、湿地の水を引き込んで造られた水田から生産された米がうまいと評判になり、わざわざすし屋が買いに来たという話も聞きました。こうした人の日常的な利用に役立てられる中で、湿地とその生物は維持され、今日に伝わっているのです。

残念ながら、そのような湧水湿地の利用は時とともに失われていきました。その一方で、一部の湧水湿地は、希少な生物の生息地として行政などが指定する保護対象となります。しかし、そうなっても湧水湿地と周りに暮らす人々との関わりは途切れませんでした。湧水湿地は、原生的な自然とは異なり、生物の生息地として良好な状態に保つには、人の手を入れ

図2-22　湧水湿地に一面に咲くシラタマホシクサ（2009.9　愛知県尾張旭市）

ることが必要です。その担い手が、周りに住む人々でした。例えば、各地に湧水湿地を保全するボランティアグループが立ち上がっていますが、そのメンバーの大半が湧水湿地のある市町村かその隣接地に住んでいます。さらに、以前に触れたように、ボランティアグループだけでなく地域住民に広く公開され、多くの人が見学に訪れます。かつてのように、そこから水や肥料・飼料を得てはいませんが、地域住民は保全活動や観察を通じ、健康や生きがい、レクリエーションや教育の機会を得ているのです。

こうした意味で、湧水湿地は地域資源と言えるでしょう。湧水湿地の存在意義は、生物学的に見れば希少生物の生息地という程度に留まりますが、環境という視点から地理学的に見ることで、社会的にも広がりを持つものとして捉えることができたのです。湧水湿地の生物学的な価値は大変重要ですが、そこだけを取り出して訴えると、マニアックなものとして感じられる場合があります。それは、多くの人にその環境の価値として認識してもらうときのハードルとなります。しかし、先に挙げたような社会的な価値はより身近で普遍的なものです。そこを出発点に、湧水湿地を多くの人に知ってもらうことで、保全が進んでゆく可能性があるのです。

○環境とは、広義にはある主体を取り巻いていて、主体に影響を与えたり、主体から影響を受けたりしているものである。狭義には、人類を取り巻く自然のことである。地理学は、人類を取り巻く環境（自然・社会とも）を研究する学問である。

○地理学における環境論として、自然環境が人間活動を決定するというラッツェルの環境決定論と、自然環境は人間活動の可能性（選択肢）を与えるというブラーシュによる環境可能論とがある。環境決定論は批判を受け、現在は環境可能論が地理学の基礎的な理論となっている。

○環境問題は、人が自然環境に影響を及ぼした結果、改変された環境から受ける社会への負の側面のことである。環境問題は、時間的・空間的なスケールの違いから地球環境問題と公害とに分けられるが、いずれにおいても地理学的な問題を孕んでいる。

○環境問題は、その原因となる環境改変がもたらされた場所や被害を受けた場所の地理的背景（分布・立地など）を検討することで、より深い理解をすることができ、対策を立てるのにも役立つ。

質疑応答 Q&A

Q 宇宙は環境ですか？

A 何を主体として考えるかによります。人を主体として考えた場合、人の生存圏である地殻表面からせいぜい大気圏内までに存在するものを指すことが一般的です。しかし、地球そのものを主体として考えた場合、周囲の惑星や太陽は熱や光、引力の影響を及ぼしあう重要な環境と言えるでしょう。

Q 「人がこのまま環境を悪化させると地球が滅ぶ」と言われますが、具体的にどうなってしまうのですか？

A 「地球が滅ぶ」という言葉は非常に抽象的なので、そのままでは答えにくいのですが、少なくとも物理的に地球が破壊されたり、無生物になったりすることはないでしょう。「環境を守れ」と叫ばれるときの環境は、あくまで人を主体とした、人の生存を保障する自然のことです。ですから、それを徹底的に改変（すなわち悪化）させれば人類が絶滅するというシナリオはありえます。しかし、仮にそうなったとしても、改変された環境に適応した生物が生き残り、新たな生態系を構築するはずです。およそ40億年前に地球に生命が誕生して以来、生物は幾度もの大量絶滅をくぐり抜けてきました。全球凍結や巨大隕石の衝突といった破局的な環境変化も経験していますが、その都度、いくらかの生命は生き残り、新しい進化の契機としてきたのです。

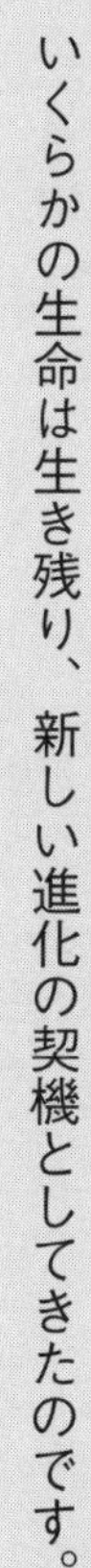

Q 現代日本には、もはや公害はないと考えてよいのですか？

A 日本は近代化してすぐに鉱山開発に伴う公害（鉱害）に苦しみました。そして、高度経済成長期には重化学工業の発達に伴い、四大公害に代表される公害を経験しました。この反省から、公害対策基本法（現在の環境基本法）をはじめとした法整備が進み、また、企業のコンプライアンス（法令や社会規範を守ること）の意識も向上したことから、かつてのような重大な公害は見られなくなりました。しかし、公害がまったくなくなったわけではありません。総務省が調査を行っている公害に対する苦情件数は、日本全体でまだ約7万件に上ります（平成29年公害苦情調査による）。有害物質を含んだ産業廃棄物の投棄のように、ニュースになるような事件もあります。

おわりに

この本は、２０１６年に現在の職場（愛知学院大学）に着任して受け持つことになった「地理学A」や「地理学I」という授業の講義ノートを下敷きにして執筆したものです。中でも地理学Iは、主に大学1~2年生を対象にした教養の授業で、受講生の中に地理学を専門に学ぼうとする学生はおりません。そして、地理を学ぶのは中学校の社会科以来（つまり、高校の地理を学修していない）という学生がほとんどです。ですから、学問としての地理学を体系的に修得するというよりも、地理学の基本的な考え方や、地理学を通して見える世界を伝えること、そして、それを日常生活や社会の中で折に触れて活かせるようになってもらうことが授業の狙いです。この本の目的も、まさにここにあります。

中学までの教科としての地理は、考えさせる学習に変わりつつあるというもの、やはり基本は「地名や産物をどれだけ暗記するかの勝負」といったところがあります。ですから、初めて授業に臨む学生たちは「大学の地理なのだから、さぞや難しい言葉や細かい地域を覚えなくてはならないのだろうな」と身構えています。それが、遠距離恋愛の話だとか、ビールの話だとか、思ってもみないことを聞かされ、時にそれらについて意見を求められるのだから面くらいます。さらに、教員は「言葉や数字は覚えなくていい。考え方、物の見方を身につけなさい」と言うものだから、さらに混乱してしまいます（意地悪な先生ですみません）。授業後に提出してもらうコメント用紙を見ると、「言葉や数字を覚えないとすれば、いったい何を覚えたらいいのですか？」「私たちは本当に地理学の授業を受けているのですか？」（これは意訳ですが）などと書いてあります。

「勉強とは言葉や数字を覚えること」という固定観念から解き放たれるのはなかなか難しいようですが、最後には自由に地理学の海に浮かび、泳ぎを楽しんでもらえるようになればと思っています。基本的な考え方を知ったら、それを道具として、自由に身近な興味のある出来事の意味や理由を考えてみる。その中で、さらに細かい考え方を身に着け、また、自分で新しい物の見方を発見していく。これが学問の楽しいところなのですから。

このような経緯から、この本を読んでくださった皆さまには、次のようなお断りをしなくてはいけません。

まず、地理に触れるのは中学校以来という方にも読んでいただけるように、高等学校で学ぶ地理の学修範囲を、取り上げる内容の一応の目安としています。地理学に限らずどの分野でもそうですが、高校までの学修内容は、往々にしてずっと以前に知見として定着したものが扱われているので、研究の現場では、基礎ではあるものの古くなりつつある理論や用語もあります。この本では、それらはそのまま紹介し、必要に応じて補足をすることとしました。なお、「高校の学修範囲」はあくまでも目安です。指導要領に記載されたすべてを取り上げてはいませんし、逆に高校ではほとんど取り上げられない内容も紹介しています。学修上の参考書として利用される場合は、この点にご注意ください。

また、読み物として親しみやすくするため、また、「覚えなければ」という強迫観念から解き放たれていただくため、事項の羅列は極力行わず、数字も必要最小限としました。地誌的なことがらは、あくまでも取り上げる内容の具体例として示しました。「アジアではこうで、ヨーロッパではこうで、……」といった、教科書的に網羅した記述はしておりません。さらに詳細な数字や、地域ごとの具体例を知りたい方は、ぜひご自身で各種統計や、各分野専門の書籍に当たって調べてみてください。

その一方で、具体的で身近な事例は、できるだけ多く挙げるようにしました。しかし、主に東海地方に住む学生に向けた授業を準備するための情報収集に基づいていることと、筆者の出身と現住地が愛知県であることとで、読み返してみると、東海地方（特に愛知県）の事例がずいぶんと多くなってしまいました。本来であれば、全国各地の事例を取り上げるべきところですが、どうかご容赦ください。

さて、私は地理学が専門と言いつつも、主な研究課題は里地・里山における生物棲息地の成り立ちや保全です。自然地理学はともかくとして、人文地理学に関しては、実際の研究はほとんど行っておりません。つまりこの本の執筆は、力士がレスリングをしたり、卓球選手がテニスをしたりするようなものでした。もちろん、地理学を通底する考え方に基づいて広げたアンテナでキャッチされた情報を盛り込むとともに、それを種々の資料で補強して間違いのないように記述をしておりますが、人文地理学を実際に研究する方々からすれば、記述が浅く表面的で、また、研究現場から直接得た新鮮な内容が少ないと映るかもしれません。

ただ、専門から離れていればこその視点も、本書には加えています。それは、人の活動と環境に関わる部分です。一般的な教科書や参考書では、交通や物流が発達し貿易が進展したことは触れていても、それが、温室効果ガスを増やすといった環境負荷につながっていることとは関連付けられていません。また、企業的農業が新大陸を中心に行われていることが記述されていても、それが、遺伝子組み換え農作物の普及や農薬の大量散布と結びついていることにも、ほぼ触れていません。地理学では環境問題も扱いますが、あまりメジャーとは言えないテーマであるうえに、それはそれ、これはこれ、と他のテーマと分けて扱われることが多いように思われます。森羅万象を扱う地理学のよさを活かすためにも、この本では、人の活動（文化・社会）を記述の中心に据えつつも、それが自然に与える影響を、極力関連づけて紹介するようにしました。

今後、地球環境問題の解決、また身近な地域における自然生態系の保全は、ますます重要なテーマとなると考えられます。それらに関わる様々な学問の橋渡しを行うとともに、現場から得られた知見に基づいて、そうした課題の中心となって推進してゆく潜在力を持つのが地理学であると、私は確信しています。

なお、本文中の物語に登場する登場人物の名前を太郎と花子としたのは、日本人のごくありふれた名前であることから、読者の皆さん一人ひとりの分身としてとらえていただければと考えたからです。

それと同時に、幾人かの人物へのオマージュでもあります。それは、地形図を手に徹底的に六甲山周辺の山域を歩き尽くし、そこで培った強靭な体力と精神力とで数々の単独行を成し遂げるとともに、大手メーカーに勤務する一流の技術者でもあった孤高の登山家、加藤文太郎（１９０５－１９３６）とその妻花子です。加藤文太郎の行動力と情熱は、地理学の研究活動をする者がぜひ学びたいところです。また、彼は仕事とプライベート（登山活動）を両立させ、それらが相まることで人生の高みを目指そうとしていましたが、それは地理学における自然地理学と人文地理学のあるべき姿とも重なります。

また、太郎と結婚することになる里子の名前は、この本を執筆中の２０１８年に惜しまれつつ亡くなった、絵本作家のかこさとし（加古里子）さんから頂きました。かこさんも一流の技術者でいらっしゃり、その知識や経験に基づいた『かわ』『地球』といった科学絵本は、イラストレーションによるすばらしい地理学の教科書です。私はこれらの本に触発され、伝えることを大切にする研究者を目指しました。

最後になりましたが、この本の執筆の機会を与えてくださったベレ出版の森岳人さんをはじめとして、執筆中にお世話になりました多くの方々に深く感謝申し上げます。

【文献リスト】

この本を執筆するうえで、参照した主要な文献は次のとおりです（出版年順）。

・Susan Mayhew 編、田辺裕監訳（２００３）『オックスフォード地理学辞典』朝倉書店.

・畠山武道（２００４『自然保護法講義　第2版』北海道大学出版会.

・上野和彦・椿真智子・中村康子編著（２００７）『地理学基礎シリーズ1　地理学概論』朝倉書店.

・井口貢編著（２００８）『観光学への扉』学芸出版社.

・溝尾良隆編著（２００９）『観光学全集　第1巻　観光学の基礎』原書房.

・山岡信幸（２０１２）『カラー版　忘れてしまった高校の地理を復習する本』中経出版.

・人文地理学会編（２０１３）『人文地理学事典』丸善出版.

・地理用語研究会編（２０１４）『地理用語集』山川出版社.

このほか、国連機関、政府あるいは自治体の発行する資料、各種企業・団体等のパンフレット・ウェブサイト等を参照させていただきました。数値・図表のデータソースとして用いた場合は、本文あるいは該当の図表に示してあります。

索引

あ行

か行

さ行

た行

や行

ら行

著者紹介

富田 啓介（とみた・けいすけ）

▶1980 年愛知県生まれ。2009 年、名古屋大学大学院環境学研究科修了。博士（地理学）。名古屋大学大学院環境学研究科研究員、法政大学文学部助教を経て、2016 年より愛知学院大学教養部講師。専門は自然地理学、特に地生態学。主な研究テーマは、里地里山における人と自然の関わり、ため池・湧水湿地をはじめとする生物生息地の成り立ちの解明と、その保全・活用。主な著書に、『里山の「人の気配」を追って』（2015 年、花伝社）、『はじめて地理学』（2017 年、ベレ出版）がある。趣味は山歩きであるが、数年前に子供が生まれてからは難しく、家の裏での畑仕事が息抜き。

◉── カバーデザイン　Isshiki
◉── DTP　Isshiki
◉── 校閲　有限会社 蒼史社

あれもこれも地理学（ちりがく）— 文化・社会・経済を地理学で読み解く

2020 年 2月 25 日　初版発行

著者	富田 啓介（とみた けいすけ）
発行者	内田 真介
発行・発売	ベレ出版 〒162-0832　東京都新宿区岩戸町12 レベッカビル TEL.03-5225-4790 FAX.03-5225-4795 ホームページ　http://www.beret.co.jp/
印刷	株式会社 文昇堂
製本	株式会社 根本製本

ISBN 978-4-86064-608-0 C0025　　編集担当　森 岳人

はじめて地理学

富田啓介 著

「地理学」っていったい何をする学問なんだろう？　そんな疑問を抱いた方にこそ読んでいただきたい地理学の入門書。本書では具体的な事例を紹介しながら、地理学の考え方や魅力をお伝えしています。身近な場所や旅先で目にする風景や物事の疑問が、地理学の知見によって解き明かされる面白さを体験できます。また自然地理学の基礎知識をしっかり盛り込んでいますので、イチから学びたい方にも最適です。